KB052362

중서 문명의 근성 비교

판웨(潘岳) 지음 · 김승일(金勝一) 옮김

COMPARATIVE STUDIES ON
CHINESE AND WESTERN CIVILIZATIONS

경지출판사 Korea Wisdom China 新世界出版社 NEW WORLD PRESS

중서 문명의
근성 비교

초 판 1쇄   인쇄 2023년 11월 20일
초 판 1쇄   발행 2023년 11월 27일
발 행 인   김승일
디 자 인   김학현
출 판 사   경지출판사
출판등록   제 2015-000026호

잘못된 책은 바꿔드립니다.
가격은 표지 뒷면에 있습니다.

ISBN 979-11-90159-98-2(03300)

판매 및 공급처   경지출판사
주소 : 서울시 도봉구 도봉로117길 5-14 **Tel :** 02-2268-9410 **Fax :** 0520-989-9415
블로그 : https://blog.naver.com/jojojo4

이 책은 경지출판사 허락 없이는 어떠한 형태나 수단으로도 이 책의 내용을 이용하지 못합니다.

※ 이 도서의 국립중앙도서관 출판사 도서목록(CIP)은 서지정보유통지원시스템 홈페이지(http://seoji.nl.go.kr)와 국가자료공동목록시스템에서
이용하실 수 있습니다.

目次

제 1 편   전국(战国)과 그리스 / 09

제 1 장   전국(战国) / 16

　　제1절   백가쟁명(百家争鸣) / 16

　　제2절   집대성자(集大成者) / 20

　　제3절   겸수병축(兼收并蓄) / 24

　　제4절   순자를 재평가하다 / 30

제 2 장   그리스 / 34

　　제1절   이소크라테스의 외침 / 34

　　제2절   아리스토텔레스의 응답 / 39

　　제3절   자유와 분열의 갈등 / 43

　　제4절   질서와 통일에 대한 추구 / 46

　　제5절   폐쇄와 개방의 귀로 / 49

　　제6절   점유와 통치의 차이 / 58

맺 음 말 / 58

　　제1절   대사의 누명을 벗겨주다 / 58

　　제2절   문명의 부활 / 61

제 2 편　진 · 한과 로마　　　　　/ 65

　제 1 장　양대 문명　　　　　/ 68

　　제1절　진 · 한의 기층 관리　　　　　/ 68

　　제2절　로마의 국가관리　　　　　/ 72

　제 2 장　로마 공화국　　　　　/ 76

　　제1절　토지와 내전　　　　　/ 76

　　제2절　자유의 이름으로　　　　　/ 80

　제 3 장　서한 왕조　　　　　/ 89

　　제1절　대일통 : 일체와 다원　　　　　/ 89

　　제2절　사관제 : 천하의 인심　　　　　/ 97

　제 4 장　중국과 서양의 상도　　　　　/ 101

　　제1절　어진 정치에 대한 부담　　　　　/ 101

　　제2절　상인이 보여준 가정과

　　　　　국가에 대한 책임　　　　　/ 106

　　제3절　중국과 서양 상도의 차이　　　　　/ 112

　제 5 장　로마제국　　　　　/ 117

　　제1절　상층과 기층의 통치　　　　　/ 117

　　　제2절　　정권과 군권의 관계　　　　　　　/ 121

　제 6 장　기독교　　　　　　　　　　　　　　/ 127
　　　제1절　'하나님의 나라'와 '땅의 나라'　　/ 127
　　　제2절　'국가의 악'과 '국가의 선'　　　　/ 132

　맺 음 말　　　　　　　　　　　　　　　　　/ 137

제 3 편　중국의 오호(五胡) 침입과
유럽의 야만족 침입　　　　　　　　　　　　/ 145
　제 1 장　오호가 중원을 침입하다　　　　　　/ 148
　　　제1절　남하전쟁　　　　　　　　　　　　/ 148
　　　제2절　한화(汉化)의 길　　　　　　　　　/ 151
　　　제3절　다시 통일을 이루다　　　　　　　/ 155
　　　제4절　한화(汉化)와 로마화(罗马化)　　/ 159

　제 2 장　야만족의 침입　　　　　　　　　　/ 164
　　　제1절　여러 소왕국들　　　　　　　　　　/ 164
　　　제2절　통하지 않는 융합　　　　　　　　/ 167
　　　제3절　로마가 로마를 버리다　　　　　　/ 171

제4절 중화는 중화를 선택했다   / 174

제5절 프랑크의 소외   / 179

제6절 봉건정치와 문관정치   / 182

제7절 분할 세계와 혼일천하(混一天下)   / 186

제 3 장 중국과 서양의 비교   / 195

제1절   자치와 군현(郡縣)   / 195

제2절   화하(华夏)와 내륙아시아   / 200

제3절   이하지변(夷夏之辨)과

        중화무외(中华无外)   / 205

맺 음 말   / 210

제1절   모체의 회귀   / 210

제2절   타인의 시각   / 216

제3절   스스로의 이야기   / 221

제 1 편

전국(战国)과 그리스

오늘날 중국과 서양은 다시 한 번 서로를 이해해야만 하는 기로에 서 있다.

과학기술의 각도에서 우리는 이미 서양을 이해하고 있으며, 제도의 각도에서는 부분적으로 이해하고 있다. 이 두 가지 각도에서 보면 서양에 대한 우리의 이해는 우리에 대한 서양의 이해보다 더 깊다고 할 수 있다. 하지만 문명의 각도에서 보면 중국과 서양은 서로에 대한 이해가 많이 부족한 게 사실이다.

현대문명은 고전문명의 정신적 유전자를 포함하고 있다. 구미(歐美)와 고대 그리스·로마 문명, 이슬람세계와 아랍 문명, 이란과 페르시아 문명, 터키와 오스만 문명, 러시아와 정교회 문명, 이스라엘과 유대 문명…… 등 다양한 관계가 다양한 유전자와 연결되어 다양한 길을 이루고 있는 것이다.

중화문명과 기타 고전 문명은 서로 같은 점도 있고 다른 점도 있다. 중국과 서양 문명의 비교는 방대한 학문적 분야이기 때문에 전체를 다 쓴다는 것은 불가능하고, 다만 구체적인 문제를 들어 간략한 역사적 토론을 할 수 있을 뿐이다.

새뮤얼 헌팅턴은 "우리는 적을 정의함으로써 우리 자신을 알 수 있다."고 말했다. 이것은 서양의 관습이다. 중국인들은 친구를 정의함으로써 자신을 알게 된다. 그리스 고전 문명은 우리의 친구이다.

현대의 구미 문명은 자기들의 정치 질서가 그리스 문명, 로마 문명, 기독교 문명 및 산업 문명의 정수를 통합하는 것이라고 믿고 있다.[1]

〈설명〉: "날개 달린 천사"의 형상은 고대 그리스와 주변 지역에서 흔히 볼 수 있다. 사진은 밀라노 고성의 벽화인 "날개 달린 천사"이다. 고대 그리스풍으로 초상의 눈이 뚜렷한 유럽 인종의 특징을 보이고 있다.

사실 고대 그리스 문명은 서양 문명의 근원 중의 근원이라고 할 수 있다. 고대 그리스는 로마에 예술과 과학을 제공했을 뿐만 아니라, 그 정치적 실천은 로마에 경험적 교훈을 제공하였고, 고대 그리스의 종교 신화와 철학은 기독교의 기초 교리의 중요한 원천이다. 고대 그리스 사상들의 세계의 객관적 본질에 대한 추구 및 실험과 논리에 대한 선호는 유럽 근대 과학의 흥기를 위한 조건을 제공했다. 고대 그리스는 또 정치적으로 자유ㆍ민주ㆍ휴머니즘에 기여하여 유럽 르네상

---

[1] 미국의 저명한 정치학 이론가이자 사학자인 러셀 커크는 "미국 질서는 서양 문명의 3000년 역사에서 비롯된다. 기독교는 자유질서의 기초를, 그리스 고전문명은 예술과 과학, 로마는 정치체제와 자연법을, 영국은 법치와 시장 및 관습과 앵글로 가 전승을 하는데 기여했다. 〈참고〉 러셀 커크 저, 张大军 역, 『미국 질서의 뿌리(美国秩序的根基)』, 장쑤(江苏)봉황문예출판사, 2018년.

스와 계몽운동의 중요한 정신적 원천이 되었다. 따라서 그리스 고전 문명을 읽고 이해해야 구미 현대문명의 내면세계를 제대로 읽을 수 있는 것이다.

그리스의 고전 문명과 중화의 고전 문명은 동시에 존재했고, 각기 다른 시스템을 형성해왔는데 모두 위대한 문명이다.

정치제도 측면에서, 고대 그리스의 폴리스(도시국가)는 아테네의 민주제와 스파르타의 쌍왕제(双王制)를 모두 포함하는 다원적 자치제를 가지고 있었다. 중국 선진(先秦)시대에는 주(周)나라의 분봉제(分封制)에서 전국(战国) 말기의 중앙집권인 군현제(郡县制)로 바뀌었다.

정치 이데올로기 측면에서, 고대 그리스는 폴리스의 독립과 자유를, 중국의 선진시대에는 대일통(大一统)을 최고의 가치로 여겼다.

공동체 구축의 측면에서, 고대 그리스는 각 폴리스가 공유(共有)하는 이상의 핵심(核心)이 없었고, 각 폴리스를 능가하는 나라를 세운 적도 없었다. 선진시대에는 주나라 천자(天子)를 중심으로 하는 통일질서가 확립되었고, 이후 통일국가가 수립되었다.

정치적 정체성 측면에서, 고대 그리스 폴리스에는 그리스인과 야만인의 경계가 항상 존재했지만, 선진시대에는 화하인(华夏人)과 이민족 사이에 절대적인 경계가 없었고, 화하인과 이민족의 융합은 중국 후대의 다민족 통합의 토대가 되었다.

모든 차이 중에서 가장 중요한 것은 통일(统)과 분산(分)의 차이이다. 바로 이 차이가 다른 많은 차이를 가져오게 했던 것이다.

고대 그리스 문명은 분산된 폴리스 형태로 유명했지만, 내부적으로 통일에 대한 충동이 없었던 것은 아니다. 이들은 폴리스 연합으로 강력한 지중해 패권을 탄생시켰고, 아시아·아프리카·유럽에 걸쳤던 알렉산더 제국도 세웠다.

아리스토텔레스는 "그리스인들은 유럽대륙인처럼 무술을 숭상하는가 하면 아시아인처럼 문예를 숭상하기도 했다. 그래서 자유로운 삶을 유지하면서도 최고의 정치시스템을 탄생시켰다. 따라서 '통일된 정치시스템'을 형성할 수만 있었다면, 모든 민족을 통치할 수 있는 능력을 가지게 될 수 있었다."[2]고 말했다. 그러나 그리스는 결국 진정한 통일을 이루지 못했고, 각 폴리스들은 후발주자 로마에 의해 하나씩 병합되어갔다.

고대 그리스와 같은 시기에 중국은 춘추전국(春秋战国) 시대를 맞이했다. B.C 5세기에서 B.C 3세기에 이르기까지, 전국(战国)과 고대 그리스는 비슷한 역사적 상황에 직면해 있었다.

첫째, 모두 극심한 전란에 빠져 있었다. 중국은 춘추 열국제도(列国制度)가 붕괴된 후 200여 년간 병탄(倂呑)하려는 전쟁을 하였는데, 이 시기를 전국시대라고 한다. 고대 그리스는 펠로폰네소스 전쟁 이후 수십 년 동안 '폴리스 위기'에 진입하게 되었다.

둘째, 전란 속에서 통일운동이 일어났다. 전국시기에는 일곱 개의 강대국들이 천하를 통일하기 위한 전쟁을 벌였다. 그리스에서는 폴리스들이 내부 투쟁을 멈추고 하나로 뭉쳐서 대외 확장을 외치는 '범그

---

2) 아리스토텔레스는 다음과 같이 말했다. "그리스의 여러 성(姓)은 지리적으로 두 대륙 사이에 있기에, 두 가지 성격을 다 가지고 있다. 그들은 열정과 이성을 동시에 가지고 있고, 왕성한 정신력을 가지고 있기 때문에 자유를 영위할 수 있고, 정치에서도 고도의 발전을 이룰 수 있다. 만약 여러 성(姓)을 하나의 정치시스템으로 통합시킬 수만 있다면, 그들은 세상의 모든 민족을 통치할 수 있을 것이다." 참고: 아리스토텔레스 지음, 오수팽(吴寿彭) 역, 『政治学』, 商务印书馆, 1965년, 367쪽.

리스주의운동(泛希腊主义运动)’이 일어났다.

셋째, 통일운동의 적극적인 역량은 모두 핵심지역 국가가 아니라 군사적으로 강한 변방국이었다. 전국시기로 말하면 진(秦)나라가 이에 해당했고, 그리스에서는 마케도니아가 이에 해당했다.

넷째, 많은 지식인들이 통일운동을 위해 분주히 돌아다녔다. 그리스에서는 철학자·웅변가·연극인들이 이에 해당했고, 중국에서는 유가(儒家)·법가(法家)·도가(道家)·종횡가(纵横家)들이 이에 해당했다. 이들은 모두 시대의 위기를 직감하고 철학적·정치적·도덕적 명제를 쏟아냈다.

하지만 통일운동의 결과는 서로 달랐다.

그리스의 통일운동은 알렉산더제국을 형성하였지만 곧 분열되었고, 그 뒤를 계승한 3대 왕국은 내부투쟁 끝에 로마에 하나씩 합병되어갔다. 로마는 그리스의 문화예술만을 남기고 정치제도는 버렸다.

전국시대의 통일운동은 진(秦)나라의 천하통일로 귀결되었지만, 14년 만에 붕괴되었다. 하지만 이는 곧 한(汉)나라의 통일로 이어졌다. 진나라의 제도는 훗날 중국의 역대 왕조에 계승되어 2천여 년 동안 지속되었다.

이처럼 비슷한 역사적 조건에서 왜 다른 결과가 나왔던 것일까? 이에 필자는 동시기 몇몇 사상가의 운명을 통해서 그 해답을 모색해보고자 한다.

〈설명〉: 신장(新疆) 허톈(和田) 다마거우(达玛沟) 유적의 그리스풍 초상화

제 1 장　전국(战国)

제1절　백가쟁명(百家争鸣)

1975년 12월 중국 후뻬이(湖北)성 윈멍(云梦)현에서 중국 역사에 중대한 영향을 미치는 사건이 발생했다. 수리 공사를 하던 농민들이 '수호지(睡虎地)' 라는 농경지에서 진(秦)나라 관리의 무덤을 발견한 것이다. 무덤 주인의 시신 아래에는 죽간이 가득했는데, 죽간에는 진법(秦法)이 빼곡히 적혀있었다. 이것이 바로 유명한 '수호지진간(睡虎 地秦简)' 이다.

고고학자들은 이들 법가(法家)의 죽간에서 관료교육을 위한 교재인 '위리지도(为吏之道)' 를 발견했는데, 핵심 사상은 뜻밖에도 유가학설이었다.

"너그럽고 충성된 마음을 갖고, 평화를 추구하고 불평하지 않으며, 뉘우친 잘못은 다시 범하지 않고, 부하를 너그럽게 대하고 괴롭히지 않으며, 상사를 존경하고 반항하지 않고, 간언을 막지 않고

16

잘 든다. (俗忠信，和平勿怨，悔过勿重。慈下勿陵，敬上勿犯，听谏勿塞)"

"재물과 이익에 임하여 함부로 부귀를 탐하지 않고, 위험과 죽음에 임하여도 구차하게 사면을 바라지 않는다. 부를 지나치게 탐하면 청빈을 얻을 수 없고, 존귀함을 지나치게 탐하면 평범함을 얻을 수 없다. 부를 좋아하지 말고 빈곤을 싫어하지 않으며, 행동을 바르게 하고 수신하면 재앙이 물러가고 복이 찾아온다.(临财见利，不取苟富。临难见死，不取苟免。欲富太甚，贫不可得。欲贵太甚，贱不可得。毋喜富，毋恶贫，正行修身，祸去福存)"

이러한 사례는 왕가대진간(王家台秦简), 악록진간(岳麓秦简), 북대진간(北大秦简)에서도 찾아볼 수 있다.[3] 즉 진(秦)나라 후기에는 유가(儒家)사상을 어느 정도 받아들였음을 방증한다. 이는 '분서갱유(焚书坑儒)'나 '법가만 인정한다(纯任法家)'는 진(秦)나라에 대한 후대의 절대화된 정론과는 다른 것이다.

진나라뿐만 아니라 기타 6개국 또한 마찬가지였다.

통상적으로 진나라의 전유물이라 여겨지는 법가제도와 정경(精耕)농업은 사실 위(魏)나라가 발명한 것이다. 자유롭고 산만한 분위기로 대표되는 초(楚)나라는 사실 진나라보다 먼저 '현제(县制)'를 도입했다. 그리고 상업이 발달한 제(齐)나라의 저서 『관자(管子)』에는 진나라와 유사한 '보갑연좌(保甲连坐)'의 요소가 포함되어 있다.

즉 전국시대 말기에는 유가와 법가가 융합되고, 법치(法治)와 인치

3) 刘德银，「为政之常」，「江陵王家台 15 号秦墓」，『文物』，1995년 1기. 陈松长 등，『为吏治官及黔首』，『岳麓书院藏秦简 1-3 释文(修订本)』，上海辞书出版社，2018년. 朱凤瀚，「北大藏秦简'从政之经'述要」，『文物』，2012년 6기.

(仁治)가 공존했던 것이다. 정치적 관념도 서로 일치하고 있었는데, 그것이 바로 '일천하(一天下)', 즉 천하통일의 관념이었다. 그 누구도 어느 한 지역만을 다스리는데 만족하지 않았으며, 온전한 천하를 갖고자 했다. 여기서 중점은 '통일'이라는 결과에 있는 것이 아니라 '누가' 통일하느냐에 있다. 이들은 누구의 생산력 발전이 더 빠르고, 누구의 정치그룹이 더 효율적이며, 누가 천하의 정삭(正朔)을 더 잘 대표할 수 있는가를 겨뤘다. 온전한 '천하'에 대한 집념은 역대 중국 정치인들의 가장 독특한 특징이었다.

사상가들 역시 마찬가지였다.

백가쟁명은 중국 역사상 사상자유의 첫 번째 최 고조된 상황이자, 중국 근현대에서 서양을 흠모하는 지식인들이 흥미진진하게 이야기하는 '이상적 상황'이었다. 사람들은 백가쟁명의 '쟁(争)'에만 집중하고, 이들의 융합은 보지를 않는다. 지난 수십 년 간 출토된 간백(简帛)은 그 당시 "제가의 융합(诸家杂糅)"을 증명한다. 곽점간(郭店简)은 유가와 도가(道家), 상박간(上博简)은 유가와 묵가(墨家), 마왕퇴백서(马王堆帛书)는 도가와 법가의 융합을 보여준다. '덕(德)'은 공맹(孔孟)만 갖고 있었던 것이 아니고, '도(道)'는 노장(老庄)만 갖고 있었던 것이 아니며, '법(法)' 또한 상한(商韩)만 갖고 있는 것이 아니었다.

제자백가는 철학체계의 차이는 크지만 공통의 마지노선을 갖고 있었다. 즉 '통일질서'를 세워야 한다는 것이었다. 백가사상 융합의 목적은 바로 '통일된 질서'였다. 유가는 '하나가 되는' 예악도덕(礼乐道德) 질서를, 법가는 "수레는 같은 바퀴를 쓰고, 글은 같은 문자를 쓰는(车同轨、书同文)" 권력과 법치 질서를, 묵가는 '일괄적으로 상부에 복종(尚同)' 하는 사회등급 질서를 각각 강조했다. 심지어 극단적 자유를 강조하는 도가에서도 '통일질서'에 대해 공감했다. 노자의 '소국과민(小国寡民)' 은 흔히 분치(分治)를 주장하는 것으로 알려져 있지만, 사실 '소국(小国)' 은 정치적 과도의 한 단원(單元)에 불과하고, '방국(邦国)' 뒤에는 '천하(天下)' 라는 최종 질서가 있듯이 "다른 나라를 통해 너희 나라를 관찰하고, 다른 천하를 통해 너의 천하를 보라(以国观国，以天下观天下)"는 말이다. 도가는 또 '천하를 경영한다(取天下)' 나 '천하의 왕(天下王)' 이라는 뜻을 반복적으로 논하기도 했다. 다만 '천하의 왕' 이 되려면 그에 대한 요구가 너무 높아 권력만 있어서는 안 되고 반드시 성인(圣人)이어야 한다고 했다. 장자는 흔히 무정부주의로 인정되곤 한다. 하지만 실제로 장자는 유가가 목을 매는 "자연에 적응하고, 민심에 따라 천하 사람이 하나로 되어야 한다(有为而治)"는 것을 반대하고, 도가의 더 높은 '자기가 하려하지 말고 천하로 하여금 다스리는 법을 얻게 해야 한다(无为而治)' 는 방법을 추앙했다. '치(治)' 자체는 통일된 것이며, "만물은 많다고 해도 결국 그 치(治)는 하나다.(万物虽多，其治一也)"라는 것이었다.

　전국시대는 사상과 제도의 거대한 용광로였다. 진(秦)나라의 법가는 '대일통(大一統, 천하의 제후국 모두가 중국 황제에게 복속되어, 그 문물과 제도를 따르는 것을 말함)' 의 기층정권을 마련했으며, 노(鲁)나라의 유가는 '대일통' 의 도덕질서를 수립했고, 초(楚)나라의 도가는 자유정신을 주입하였으며, 제(齐)나라는 도가와 법가를 결합하여 무위이치(无为而治)의 '도가사상(黄老之术)' 과 시장이 부(富)를 조절하는 관중(管仲) 주요사상인 '관자지학(管子之学)' 을 만들었다. 위(魏)나라와 한(韩)나라는 종횡외교의 전략을, 조(赵)나라와 연(燕)

나라는 기병과 보병을 함께 사용하는 군사제도를 창조했다. 이 모든 것이 합쳐져서 한(汉)나라가 탄생한 것이다. 한나라의 정권시스템은 진(秦)나라에서 왔고, 이데올로기는 노(鲁)나라에서 왔으며, 경제정책은 제(齊)나라에서 왔고, 예술문맥(艺术文脉)은 초(楚)나라에서 왔으며, 흉노를 토벌한 군사역량은 조(趙)나라와 연(燕)나라에서 왔다.

'대일통' 은 사실 진나라가 천하를 합병한 것이 아니라, '천하' 가 진나라를 '흡수' 한 것이었다.

제2절   집대성자(集大成者)

진ㆍ한(秦汉)의 진로 선택은 우연이 아니다. 이는 초기의 하(夏)ㆍ상(商)ㆍ주(周) 세 나라의 역사적 경험과 후기의 춘추전국 수백 년에 걸친 전쟁에 대한 성찰에서 비롯된 것이다. 중요한 것은 전국의 마지막 50년이었다.

진나라의 천하 통일은 B.C 232년부터 B.C 221년까지의 진나라 왕정시대에 완성되었다. 하지만 통일의 기틀을 확실하게 다진 것은 50년 전 소양왕(昭襄王) 중기(B.C 269년~B.C 262년)였다. 당시 제(齊)나라와 초(楚)나라 두 대국은 패망하고 쇠락하였으며, 조(赵)나라만 간신히 버티고 있었다. 진나라는 '원교근공(远交近攻)' 전략을 채택하여 전력을 다해 조나라를 격파할 준비를 하였다.

이에 따라 전국시기 지사와 모신(謀臣)들은 두 파로 나뉘었다. 함곡관(函谷关) 내의 진나라에서는 법가(法家)와 종횡가(纵横家)가 활약하고 있었다. 함곡관 밖의 6개국은 유가(儒家), 도가(道家), 병가(兵家), 음양가(阴阳家), 형명가(刑名家)들이 활약하고 있었다. 제나라의 직하학궁(稷下学宫)[4]은 동양 6개국 지식인들의 집결지로, 고대 그리스 플라톤 아카데미에 해당한다. 상앙(商鞅)의 변법이 시작된 지 100년 동안 이곳은 진나라와 대치하는 또 다른 정신세계였다.

직하학궁은 초기에는 음양가가 주도했고 맹자가 제나라를 유람한 후에는 점차 유가가 주도했다. 후기에 이르러 전국시대의 마지막 유가 대사인 순자(荀子)가 학궁의 제주(祭酒)가 되었다. 한번 하면 세 번 연임하도록 되어 있었는데, 동방세계의 정신적 지도자라고 할 수 있었다.

하지만 이와 같은 유가의 대사가 갑자기 법가를 추앙하는 진나라로 가게 된다.

B.C 269년에서 B.C 262년 사이에 예순을 넘긴 순자가 진나라의 여러 성읍을 지나 수도 함양(咸阳)으로 들어간 것이다. 순자는 길에서 열심히 관찰하면서 기록했다.

진나라의 재상이 물었다.

"진나라에 오시니 인상이 어떠하십니까?"

순자가 대답했다.

"진나라의 백성들은 순박하고, 가무·여색·개 사육·승마(声色犬马)와 같은 퇴폐적인 것을 추구하지 않으며, 관부(官府)를 존중하여 고대 사람들을 보는 것 같습니다. 진나라의 하급 관리들은 충

---

4) 직하학궁(稷下学宫): 전국시기 제(齐) 나라에 있던 관학(官学)으로 제환공(齐桓公) 때 처음 만들어졌는데, 제나라의 수도인 임치(临淄)의 직문(稷门) 부근에 있었기 때문에 '직하학궁' 으로 불렀다. 번성할 때는 천여 명의 학자들이 모이기도 했는데, 맹자 또한 여기에서 머문 적이 있다.

성스럽고 근검하며, 일 처리에 최선을 다하며, 간계를 부리지 않아 고대의 관리를 보는 것 같습니다. 진나라 수도의 고위 관리는 집을 나서면 관청에서 일하는 것처럼 사적인 일이란 하지 않고, 붕당(朋党)을 하지 않으며, 현명하고 공평하여 사사로움이 없어 고대의 사대부를 보는 것 같습니다. 진나라 조정은 정사를 처리하는 속도가 매우 빨라서 밀린 업무가 없는데 이는 고대의 조정을 보는 것 같습니다.[5]

〈설명〉: 1975년 후베이(湖北) 윈 멍(云梦)의 진나라 무덤에서 출토된 진율죽간(秦律竹简)에는 계량형석(计量衡石)[6]의 부정에 대한 처벌 조문이 적혀 있다.

유가의 언어 체계에서 '고대의 통치(古之治)'는 바로 고대 성왕(圣王)의 다스림이며, 이는 유가의 최고 목표이다. 그런데 진나라 정치에 대한 이런 높은 평가가 유가의 대사 입에서 나온 것이다. 만약 2천여 년 후에 출토된 진간(秦简)이 아니었다면 순자의 이 말은 가짜로 판명되었을 것이다.

수호지 진간(睡虎地秦简), 악록 진간(岳麓秦简)에서 리야 진간(里耶秦简)에 이르기까지 진나라 정권의 엄격한 책임을 추궁하는 제도를 곳곳에서 볼 수 있다. 문서 한 건의 잘못이 발견되면, 문서를 전달하는 모든 단계의 관리가 책임을 져야 했다. 각 향(乡)은 정기적으로 소 사육과 관련한 시합을 해야 했는데, 꼴찌가 된 향의 관리는 변방 지역으로 보내졌

5) 王先谦, 『荀子集解』, 中华书局, 1988년, 303쪽 참조.
6) 계량형석 : 분량이나 무게를 재는 저울이고, 석은 1백 20근을 말하는데, 진시황(秦始皇)이 매일 반드시 1백 20근의 각종 서류를 재결(裁决)했던 데서 온 말이다

다. 행정에 착오가 생기면 주관(主官)은 자신의 사재를 털어 공가(公家, 조정)에 배상해야 했다. 판결이 불공평하면 해당 심판자는 얼굴에 자자(刺字, 문신)를 찍어 죄수로 처벌했다. 진나라 법은 행정 단계의 설계가 정교하고, 관료 제도가 엄격하기로 역대 정권에서도 첫 번째로 꼽힌다.

반면 같은 시기 직하학궁이 있는 제나라에 대한 순자의 정치적 평가는 판이했다. "여주(女主)들이 궁을 어지럽히고, 간신들이 조정을 어지럽히며, 탐관오리들이 관료사회를 어지럽히고, 뭇 백성들은 사리사욕을 채우는 데 혈안이 되어있다." 제나라는 유가를 섬기는 대국이었고, 사맹학파(思孟学派)는 주로 제나라에서 전승되었지만, 유가의 이념으로 만들어진 정치 현실은 오히려 맛이 가버렸던 것이다.

순자는 "진나라가 오늘에 이르게 된 것은 행운이 아니라 필연이었다."고 결론지었다. 직하학궁의 주재자로서 이런 말을 하는 것은 6국의 정치적 입장에 대한 배신일 뿐만 아니라 유가에 대한 배신이었다.

그러나 순자는 더 중요한 말을 했다. "진나라가 이렇게 많은 장점을 가졌음에도 우환이 헤아릴 수 없이 많아 '왕자(王者)'의 경지에 도달하지 못한 이유는 '유(儒)'가 없기 때문이다."[7]

그렇다면 어떻게 '유(儒)'를 있게 할 것인가?

순자가 말했다. "공포정치를 절제하고 문치(文治)를 해야 한다." 진나라 제도는 이리위사(以吏为师)[8]인데, 순자는 오히려 군자를 기용하여 천하를 다스려야 한다고 했다. 이는 후세의 "왕권(王权)과 사대부들이 함께 천하를 다스린다."는 사상의 원형이다. 순자는 진나라가

---

7) 王先谦, 『荀子集解』, 中华书局, 1988년, 303-304쪽 참조.
8) 이리위사(以吏为师): 법관이나 사법 관리를 모든 일의 스승으로 삼아야 한다는 것.

이 한 가지만 보충된다면 오래도록 통일을 지속할 수 있다고 여겼다.

순자는 유가는 통일된 도덕질서가 있지만 통일된 통치시스템이 없고, 법가는 통일된 통치시스템을 수립했지만, 정신적으로나 도의적으로 명확히 부족한 점이 있다는 것을 알았다. 그래서 진나라의 법가제도에 유가의 현능(賢能) 정치와 신의인애(信义仁爱)를 더해야 앞으로 천하의 정도가 될 수 있다고 했다.

하지만 진나라 왕은 이런 건의를 받아들이지 않았다. 순자는 결국 동방으로 돌아갔다.

몇 년 뒤 장평대전(长平之战)[9]에서 순자의 말이 증명되었다. 전국(战国) 역사에서 사망자가 가장 많았던 이 전쟁에서, 진나라는 조(赵)나라 군대가 투항했는데도 신의를 저버리고 40만의 조나라 군사를 생매장했다. 피가 강을 이루는 전국시대라고는 하지만 이는 도의의 한계를 넘은 것이었다.

진나라는 늘 현실주의와 공리주의를 앞세워 천하를 취했다. 결코 인의도덕으로 자신의 손발을 묶지 않았던 것이다.

제3절   겸수병축(兼收并蓄)

장평대전 이후 순자는 아주 괴로워하면서 정치를 포기했다. 더 이

---

9) 장평지전: 춘추시기 말 진(秦)과 조(赵)가 장평(长平)에서 싸운 전쟁으로 두 나라에서 각 50만이라는 대군을 내세워 나라 재정이 바닥날 정도로 3년간 전쟁을 치룬다. 결국 진나라 백기(白起)가 조나라 대군 40만 명을 3개월 동안 포위하자 조나라 대군은 인육까지 먹으며 버티다가 결국은 투항한다. 그러나 이미 나라의 재정도 어려운데 투항한 40만 명의 조나라 대군까지 먹일 식량이 없었기에 백기는 조나라 군인들을 생 매장하여 죽여야 했다

상 열국을 주유하지 않고 제(齊)나라와 초(楚)나라의 변경 지역에 위치한 난릉(亐陵)에 가서 책을 저술하고 제자를 받아들여 가르쳤다.

그는 한비(韓非)와 이사(李斯)라는 두 명의 걸출한 인물을 배출해냈다. 한 명은 법가 이론의 집대성자이고 다른 한 명은 법가를 현실에 응용한 설계자였다. 아이러니한 것은, 이들은 상앙(商鞅)의 법가학파에서 배출된 것이 아니라 유가에서 배출되었다는 점이다. 이는 잡다한 사상을 널리 받아들이는 순자의 바탕을 잘 보여주고 있다.

맹자는 인간의 본성은 선하다고 주장했지만, 순자는 "인간의 본성은 본래 악하기에" 가혹한 형벌과 법률을 사용해야 한다고 주장했다. 이는 법가의 학설에 부합한다.

유가의 '천(天)'은 권선징악의 의리의 '천'이지만, 순자의 '천'은 선악과 무관하게 나름대로의 법칙이 있어, 성군인 요(堯)임금으로 인해 유지되거나 폭군인 걸(桀) 때문에 바뀌지 않는다는 것이다. 때문에 세인들이 "천명(天命)을 파악해 그것을 이용해야 한다.'고 했다. 이는 중국 최초의 유물주의이다.

유가는 왕도를 숭상하고 패도(霸道)를 경멸했지만, 순자는 왕도가 최선이기는 하나 난세에는 패도도 그 역할이 있기에 왕도와 패도를 같이 써야 한다고 생각했다.

유가는 '의(义)'를 논하고 '리(利)'는 논하지 않았지만, 순자는 '의'와 '리'를 모두 고려해야 한다고 했다. 순자는 '의'와 '리'는 인간이 가진 두 가지 천성이라고 생각했다. 아무리 고상한 제도라도 '리'를 추구하는 인간의 마음을 없앨 수 없고, 아무리 어두운 현실도 '의'를 추구하려ㅑ는 인간의 마음을 사라지게 할 수 없기에, 두 가지의 역할을 동시에 발휘케 해야 한다는 것이었다.

유가는 예(礼)로써 다스릴 것을 주장했지만 순자는 '예(礼)'와 '법(法)'을 함께 사용할 것을 주장했다.

유가는 법선왕(法先王, 선왕을 본받아야 한다.)을 숭상했지만, 순자는 법후왕(法後王, 최근의 왕을 본받아야 한다.)을 주장했다. 이는 나중에 왕안석(王安石)이나 장거정(张居正)과 같은 사람들이 개혁을 하는 정신적 바탕이 되었다.

이와 같은 대립 되면서도 통일되는 사상 체계가 있었기에 이사와 한비와 같은 사람들을 배출해낼 수 있었던 것이다.

순자의 이런 모순된 성격은 천하가 대혼란에 빠졌던 시기를 겪었기 때문이었다. 공자는 춘추 말기를 경험했고, 맹자는 전국 중기를 경험했는데, 이 시기 가장 큰 전쟁이라고 해봐야 사망자는 겨우 10만에 불과했고(애릉대전[艾陵之战]과 마릉대전[马陵之战]), 또 그런 전쟁은 수십 년에 한 번 일어나는 정도였다. 하지만 순자가 생활했던 전국 말기에는 사망자가 10만을 넘는 전쟁이 거의 해마다 일어났고, 사망자가 수십 만 명에 달하는 전쟁도 20년 동안 세 번이나 일어났다.(오국벌제[五国伐齐], 백기벌초[白起伐楚], 장평대전[长平之战]) 이와 같은 대규모의 인도주의적 재난에 직면해서, "힘없는 도의"와 "도의가 없는 힘"은 눈앞의 현실에 대한 답을 주기에는 역부족이었다. 따라서 순자는 필히 또 다른 길을 찾아야만 했던 것이다.

진나라는 몇 년의 시간을 들여(B.C 230년부터 B.C 225년까지) 한(韓)나라·조(赵)나라·위(魏)나라 등 세 나라를 점령하여 6국 합종연횡(合纵连横)의 허리를 잘라버렸다. 그 전에 이사(李斯)는 이미 학업을 마치고 진나라로 들어가서 정치 생애를 시작했다.

이 소식을 들은 순자는 기뻐한 것이 아니라, 오히려 크게 슬퍼하며

〈설명〉: 태산 진각석 이사 전서
(泰山秦刻石李斯篆书)

절식까지했다. 하지만 절식한들 아무 소용이 없었다. 다른 한 제자인 한비(韓非) 역시 그 뒤를 이어 진나라로 들어갔다. 이로써 전대미문의 대일통 왕조가 서서히 박두하기 시작했다. 세상을 바꿀 수 있는 기회가 나타났으니, 젊은 선비가 어찌 그 유혹을 물리칠 수 있었겠는가!

이사와 한비가 진나라에 입성하면서 진나라의 통일전쟁은 크게 가속화되었다. 한비는 법가이론을 극한까지 발전시켜 법(法)·술(术)·세(势) 등 3대 유파를 망라했고, 진시황은 이를 크게 신봉했다. 이사는 법가의 정책체계를 모두 설계했다. 그 대표적인 것이 '분서갱유(焚书坑儒)'로 바로 그가 건의한 정책이었다.

그들은 스승인 순자가 비록 법가의 수단을 인정은 하였지만, 줄곧 유가의 가치관을 견지한다는 것을 잊었던 것이다. 이를테면 충의효제(忠义孝悌)의 윤리, 임금이 아닌 도(道)를 따르고, 아버지가 아닌 의(义)를 따르는 사대부정신, 정치는 왕도를 근본으로 하고, 용병은 인의를 우선으로 한다는 등의 가치관이다. 이 '인(仁)'의 정신은 공자나 맹자와 다르지 않다. 사실 법가와 유가 사이에서 어떻게 중도를 지키느냐 하는 것은 상당히 어려운 일이다. 진리는 왕왕 도(度, 정도)에 있다. 단순히 그의 학설의 어느 한 방면을 계승하거나 답습하는 것은 옳지 않다는 말이다.

한비와 이사가 죽은 지 얼마 되지 않아 그들이 설계한 제국은 빠르게 무너졌다. 진나라가 정복한 땅과 백성들은 진나라와 내면의 융합을 이루지 못했다. 그들은 폭력만 쓰면 합병은 되지만 응집력은 안 된다는 스승의 말을 잊었던 것이다. 응집력은 민심을 얻지 않으면 안 된다. 진나라는 말년에 이미 이 문제를 깨달았다. 2013년에 출토된 후난(湖南) 이양(益阳) 토끼산 죽간(兔子山竹简)에는 '진2세가 원년에 내린 조령(秦二世年诏令)'에서는 이미 백성들에게 더 이상 부역을 가하지 말 것을 명시하고 있다. 너무 늦게 나온 것이 아쉬울 뿐이었다. 그로부터 반년 뒤에 진승(陈胜)과 오광(吴广)은 대택향(大泽乡)에서 봉기를 일으켰다.

법가와 유가는 대립 되면서도 통하는 관계로 어느 것 하나도 빠져서는 안 되는 법이다. 법가가 없으면 유가는 구조화와 조직화를 이루지 못하고, 기층 사회를 동원하지 못하며, 분쟁의 시대에는 자신을 강화할 수가 없다. 반면 유가가 없으면 법가는 경직된 제도로 변해, 그 권위체계는 그저 표준화·수직화·동질화된 집행체계에 불과하게 된다.

하물며 순학(荀学)에는 유가와 법가만 있는 것이 아니었다. 『사기』에 따르면 순자의 사상은 유가·묵가·도가의 성공과 실패를 집대성한 것이라고 했다. 순자는 묵가가 국가질서의 구축을 모른다고 비판하면서도[10] 그 '겸애(兼爱)' 사상을 받아들여 '천하정치'라는 무사(无私)원칙으로 발전시켰다. 그는 또 도가가 천명(天命)하고만 통하

28

려 하고 인간사와는 통하려 하지 않는다고 비판하면서도 그 비인격적 이고 무선악(无善恶)적인 천명관(天命观)을 받아들여 "천명을 통제 하여 이용한다(制天命而用之)"는 소박한 유물주의 사상으로 발전시 켰다. 그는 황로학파(黄老学派)를 "비굴함만 있고 소신이 없다 (有诎而无信)"고 비판하면서도 그 경제사상을 흡수해 상업이 국가에 미치는 가치를 인정했다. 그는 공자와 맹자가 추구하던 '순수' 유가 를 복잡하고 광대한 '대유가'로 바꾸었다. 그러고 보니 백가쟁명 (百家争鸣)에서 백가겸용(百家兼容)으로 전환시키는 일은 오직 순자 만이 할 수 있었던 것이었다.

"지극히 고명한 경지에 도달해야 하거니와 '중용의 도' 또한 지켜 야 한다.(极高明而道中庸)"는 말처럼 순자의 '중도(中道)'에 대한 정 의는 전통적인 유가에 비해 훨씬 더 실제적이었다. 그는 중도의 기준 은 단지 사리(事理)에 유익한가만 봐야 하며, 어떤 특정한 교조를 따 를 필요는 없다고 생각했다. 요즘 말로 하면 '실사구시(实事求是)'인 셈이다. "일을 할 때 이치에 맞으면 행하고 맞지 않으면 하지 않는 것 이 타당하다. 지식과 학설이 이치에 맞으면 취하고 맞지 않으면 버리 는 것이다. 일을 행할 때 중도를 잃는 것을 간도(奸道)라고 한다." 실 사구시의 기반 위에 구축된 '중도정신'은 중화문명이 전혀 다른 모순 체를 포용하고, 불가능해 보이는 모순체를 결합하며, "이것 아니면 저 것(非此即彼)'이라는 것처럼 모든 사물을 조화·공생시키는 데 있어 서 가장 효능적인 것이었다.

10) 王先谦, 『荀子集解』, 中华书局, 1988년, 92쪽.

29

제4절 순자를 재평가하다

전하는 바에 의하면 순자는 90세까지 살았다고 한다. 그의 사상은 모순적이라 죽은 뒤에도 많은 우여곡절이 있었다.

전한 초기의 이데올로기는 무위이치(无为而治, 인위를 가하지 않고 자연의 순리에 맡겨 천하를 다스리다. - 역자 주)의 황로지술(黄老之术)이었다. 후일 한무제(汉武帝)는 동중서(董仲舒)의 '천인삼책(天人三策)' 11)을 채택하여 '유위이치(有为而治)' 12)의 유가정치로 개종하였다. 유가는 공자 이래 350년간의 방랑을 끝내고 처음으로 공식 이데올로기가 되었다. 당시 한나라의 예서(隶书)로 쓴 금문경학(今文经学)과 6개국 문자로 쓴 고문경학(古文经学)이 있어 두 파벌은 오랜 세월을 투쟁했지만, 어느 파벌이든 공맹(孔孟)만 존경하고 순자를 추앙한 적은 없었다. 그들은 모두 순자가 순수하지 않다고 여겼다. 하물며 그에게는 분서갱유를 한 제자까지 있었기 때문이었다.

천 년이 흐른 후, 한유(韩愈)가 처음으로 순자를 위해 변명을 했다. '안사의 난(安史之乱)'을 거치면서 국가는 '경세치용(经世致用)'의 실학을 필요로 한다는 것을 통감한 한유는 '순자'에 대한 주석을 달도록 독려했을 뿐만 아니라, 순자를 '대순소결(大醇小疵, 다소의 결점은 있어도 대체로 괜찮음 - 역자 주)'이라고 하면서, 약간의 '불순물'을 제외하면 공자와 다를 바 없다고 평가했다. 한유는 이 때문에 송(宋)나라의 명리학으로부터 수백 년 동안 비판을 받아야 했다. 송나라의 유가

---

11) 천인삼책 : 삼강오상(三綱五常)을 내세워 황제가 국가를 통치함에 있어 유가의 인정(仁政)사상을 따라야 하는 이유를 밝힌 것으로 천인합일(天人合一)·천인감응론(天人感應論)에 기반을 뒀다.

12) 유위이치: 무위이치가 통하지 않는 영역, 국가의 존망이 걸린 사업이나 외교 안보와 복지정책엔 정부가 나서야 한다는 뜻

는 맹자의 '성선론(性善论)'과 '내성외왕(内圣外王, 안으로는 성인의 덕을 쌓고 밖으로는 왕의 도리를 행한다는 뜻, 이상적인 제왕의 모습 - 역자 주)'을 귀결점으로 삼고 순자의 '성악론(性恶论)'과 '왕패겸용(王霸兼用)'을 절대로 용납하지 않았기 때문이다. [13]

이 때문에 당시 맹자와 어깨를 나란히 했던 순자였건만, 유가가 정통이 되고 나서도 1,800년 동안 그늘 속의 인물이 되었던 것이다.

청나라 건륭(乾隆) 때에 이르러, 훈고(训诂)를 고증한 청나라의 대유(大儒)들은 갑자기 한나라 초의 유학 부흥의 근본 대전(大典)은 물론, 금문경학과 고문경학에서 전습된 경서들이 모두 순자에게서 전해진 것임을 발견하게 되었다. 예를 들어 『춘추좌전(春秋左传)』, 『춘추곡량전(春秋穀梁传)』, 『모시(毛诗)』, 『노시(鲁诗)』, 『한시(韩诗)』, 『대대예기(大戴礼记)』, 『소대예기(小戴礼记)』 등이었다. 양계초(梁启超)는 다음과 같이 평가했다. "한나라 때의 경사(经师)는 금문가(今文家)나 고문가(古文家)를 불문하고 모두 순경(荀卿)을 배출했다. 2000년 동안 종파는 수없이 바뀌어도 모두 순자의 팔꿈치 아래에서 맴돌았다."

칠국(七国)에서 전쟁의 불길이 타오르던 마지막 30년 동안 순자는 법가의 귀재인 이사와 한비를 가르치면서 묵묵히 책을 써 유학을 전수했다. 진나라의 분서갱유 이후 순자만이 '사학(私学)'을 통해 이들 경전을 몰래 보존했고, 나중에 한나라의 유가에 의해 다시 서술되었다.

일심으로 경전을 개혁하려던 '이단(异端)'이 결국 경전에 가장 충성하는 사람이 되었던 것이다. 순자가 없었으면 유가의 경전이 모두

---

13) 晁公武 지음, 孙猛 교정, 『郡斋读书志校证』, 上海古籍出版社, 1990년.

〈설명〉: 제순대전(祭荀大典)에서의 전국
(战国)시대 풍격의 춤.

실전되고, 동중서(董仲舒)도 유학의 부흥을 이루지 못했을 것이며, 송
나라의 명리학은 탄생할 기회조차 없었을 것이다. 순자는 무명무위
(无名无位)로 2000년이 지난 후에야 청나라에 의해 『사고전서(四库
全书)』의 유가 부분에 처음으로 수록되었다. 그동안 난릉(兰陵)에 있
었던 그의 무덤은 황량하고 쓸쓸하기만 했다. 명나라 사람 이엽(李晔)
은 "옛 무덤 황량하여 여우 토끼 뛰놀고, 행인들은 순경의 무덤이라고
손가락질 하네.(古冢萧萧鞠狐兔, 路人指点荀卿墓)"라고 읊었다. 또
다음과 같이 읊조렸다. "안개 덮힌 가을 해질녘에 가시덤불이 구름처
럼 무성한데 들꽃은 다 떨어졌어도 오는 사람은 없고 거미줄만이 묘
문을 지키네.(卧烟雾, 秋黄昏, 苍苍荆棘如云屯。野花发尽无人到, 惟
有蛛丝罗墓门)"

순수하게 행하기는 쉽지만 중도를 행하기는 어렵다. 두 개의 극단
에 의해 버려지거나 협공을 당할 준비를 늘 해야 하기 때문이다. 그래
도 역사는 결국 중도를 따라 전진했다. 한무제(汉武帝)와 한선제
(汉宣帝)는 순자의 '예법합일(礼法合一)', '유법합치(儒法合治)' 사상

32

을 받아들였다. 이어진 역대 왕조도 그의 사상에 따라 계속 전진했다. 다만 그의 '불순함' 때문에 모든 임금은 그의 사상을 적용했을 뿐 그의 이름은 쓰지 않았던 것이다. 유가와 법가는 이로써 진정으로 융합되었다. 법가는 중앙집권 군현제와 기층 관료시스템을 창조했고, 유가는 사대부정신과 가국천하(家国天下)의 집단주의 윤리를 창조했다. 그리고 위진(魏晋)과 당송(唐宋)시대에는 도가와 불가를 융합해 유석도(儒释道, 유불도) 합일의 정신세계를 창조했다. 이렇게 매우 안정된 대일통 국가의 구조는 동아시아 전체로 전파되어 강하지만 패권을 휘두르지 않고 약하지만 분열되지 않으며 끊임없이 이어지는 중화문명의 비밀이 되었다. 여기서 '비밀'이라고 하는 이유는 대다수 서양 학자들이 아직까지도 중화문명에 대해 알려고 하지도 않고 연구하지도 않기 때문이다.

제 2 장   그리스

제1절   이소크라테스의 외침

  B.C 346년 진나라 상앙(商鞅)이 군현제 개혁을 막 끝냈을 때 만 리 떨어진 그리스 아테네에서도 뜻깊은 '정신적 지진' 이 일어났다. 진앙은 아테네의 1호 철학자 아리스토텔레스(BC384~BC322)와 아테네의 1호 정론가 이소크라테스(BC436 ~BC338)라는 두 사람이었다.

  아리스토텔레스는 소크라테스(BC470~BC399)와 플라톤(BC427경 ~BC 347경)에 이어 가장 위대한 철학자로 현대 서양의 거의 모든 중요한 학문인 철학 · 논리학 · 정치학 · 생물학 · 물리학 · 시학 · 성상학(星象学) · 우주철학의 창시자였다.

  이소크라테스는 아테네의 웅변가였다. 아테네의 폴리스 정치는 만사가 국민대회 변론을 통해서 처리되었기에 정치인은 웅변가여야 했다. 그리고 웅변가가 되려면 이소크라테스를 배워야 했다.

  하나는 지식, 하나는 웅변, 이렇게 두 사람은 아테네 정신의 핵심을 대표했다. 하지만 그들은 아테네를 버리고 마케도니아를 선택했다.

전환은 폴리스의 위기에서 비롯되었다.

오늘날 서구가 깊이 기리는 그리스 고전문명은 아테네 역사상 아주 짧은 기간에 불과했다. 즉 당시 아네네의 민주주의 제도(민주정)를 확립한 정치가인 페리클레스(BC495~BC429)가 집권하던 황금기였다. 수십 년에 불과한 이 황금기를 전후해 그리스 폴리스들은 끝없는 내부투쟁에 빠져있었다. 패권을 가진 자는 작은 나라들이 바친 공금(贡金)을 차지하여 군대를 건설할 수 있었다. 약소국이 동맹에 가입하지 않으려 하면 폭행을 당했다. 아테네는 자신의 동맹 가입을 거부한 나라에 대해 피비린내 나는 학살(밀로스성과 시키온성)을 했었다. 아테네와 스파르타의 격투는 한때 공동숙적 페르시아까지 끌어들여 중재하기도 했다. 전란 속에서 땅은 부자에게로 몰리고, 땅을 잃은 빈민들은 돈을 위해 외국의 용병으로 변신해 자신의 나라를 공격했다.

이런 혼란은 100년 동안 계속되었다.

혼란 속에서 그리스 폴리스들은 더 이상 서로 제한된 자원을 차지하기 위해 경쟁하지 말고, 함께 식민지를 정복하고 페르시아와 아시아를 빼앗아야 그리스가 평화와 번영을 얻을 수 있다는 목소리가 나왔다.

가장 먼저 이 목소리를 낸 사람은 이소크라테스였다. B.C 380년 발표한 강연에서 그는 "그리스인들은 좁은 지대에 묶여 있고, 땅이 부족해 서로 모해하고 습격했으며, 많은 사람들이 식량 부족으로 죽거나 전쟁으로 죽었다"며 "우리가 같은 원천에서 이익을 얻고 같은 적과 싸우기 전에는 화목하게 지낼 수 없다. 우리는 우리의 우정을 깨뜨리고, 친구를 원수로 만들고, 온 인류를 전쟁과 내란으로 몰아넣는 빈곤에서 벗어나야 한다. 그래야만 우리는 화목하게 지낼 수 있고, 진정한

선의를 가질 수 있다. 그러기 위해서는 가능한 한 빨리 이곳에서 대륙으로 전쟁이 넘어갈 수 있도록 노력해야 한다.”고 강조했다.[14]

대외 확장과 정복, 약탈과 식민지화가 그것이었다. 과잉인구를 페르시아 땅에 이주시켜 식민도시를 건설하면 본토에 남은 인구는 다시 충분한 땅을 갖게 된다. 이 사상을 근대 사학자들은 ‘범그리스주의’ 또는 ‘대그리스주의’ 라고 부른다. 이것은 페르시아의 침략 위협 때문이 아니었다. 그리스와 페르시아 전쟁은 이미 한 세기가 지났고, 양측은 이미 평화조약을 체결했기 때문이다. 그리스 통일운동의 근본 동력은 토지부족과 인구과잉 문제의 해결이었다. 그리스문명을 전파하는 것은 단지 부수적인 산물일 뿐이다. 이 사고방식은 후대에 서구 식민제국주의의 사상적 모태가 되었다. 따라서 이소크라테스는 식민 제국주의를 처음 제기한 사람으로 볼 수 있다. 페리클레스도 한때 아테네 제국주의를 내세웠지만 당시는 황금시대였고 확장 외에도 가치라는 이상을 내세웠기 때문이다. 반면 이소크라테스의 제국주의는 쇠퇴기에 일어났고 이상은 사라지고 식민 본능만 남았다.

〈설명〉: 정교하고 아름다운 그리스 궁전의 돌기둥 머리.

---

14) 이소크라테스 지음, 李永斌 등 역, 『古希腊演说辞全集: 伊索克拉底卷』,吉林出版集团 2015년, 113쪽.

'대그리스주의'를 외치면서 이소크라테스는 통일의 대업은 반드시 아테네가 앞장서야 한다고 주장했다. 아테네는 가장 강력한 해군력, 최고급 문명, 가장 '도의적 책임'과 '국제주의 정신'을 지녔다고 본 것이다. 어떤 사람들은 그를 반대했다. 정복은 더 큰 살육을 가져올 것이기 때문에, 아테네의 흑역사를 되풀이해서는 안 된다는 것이었다. 이소크라테스는 폭력을 휘두르는 정도와 리더십을 장악하는 기간이 맞으면 좋은 패권이라며 "우리는 엄격한 수단을 거의 쓰지 않으면서도 가장 오랜 기간 동안 그 리더십을 장악할 수 있는데, 왜 칭찬받아서는 안 되는가?"라고 주장했다.

이소크라테스가 생각지도 못한 것은 그가 40년을 호소했는데도 아테네는 묵살했다는 것이다. 데모스테네스와 같은 젊은 세대 웅변가들이 모두 내전파였기 때문이었다. 아테네는 계속 스파르타와 테베, 마케도니아를 공격했다. 돈으로 용병을 고용하여 서로에게 상처를 줄지언정 힘을 합쳐 페르시아를 공격하기는 싫었다. 이소크라테스는 "자신의 편협한 이익에 얽매여 있던 폴리스들은 다른 폴리스와 결코 조화로운 삶을 공유하지 않을 것"이라고 비탄했다.

〈설명〉: 헝가리 국립발레단이 저장성(浙江省) 인민대회당 무대에서 뮤지컬 '스파르타쿠스'를 공연하고 있다.

아테네가 그를 거들떠보지도 않자 그는 다른 힘을 구할 수밖에 없었다. B.C 346년의 정치집회에서 그는 마케도니아 왕 필리포스에게 그리스를 통일할 것을 공개적으로 호소했다.[15] 마케도니아는 오랫동안 그리스 폴리스 세계의 변방 국가였으며, 그 조상은 그리스와 희미한 혈연관계만 있었다. 이때 이소크라테스는 87세의 고령으로 필리포스의 얼굴조차 본 적이 없었다. 그러나 '대 그리스'를 위해 그는 필리포스에게 공개서한을 보내 다음과 같이 말했다. "나는 더 이상 아테네와 스파르타에 대한 희망을 갖지 않습니다. 두 폴리스 모두 각자의 골칫거리 때문에 이미 밑바닥까지 내려갔기 때문입니다."[16] 그는 필리포스만이 페르시아에 출정하여 그리스의 단결을 도모할 수 있는 정치적 강자라고 생각했다.

그는 또 필리포스에게 다음과 같이 건의했다. "다른 페르시아 총독들에게 페르시아 왕의 속박에서 벗어나도록 설득해야 합니다. 그러기 위해서는 그들에게 '자유'를 줘야 하며, 이런 '자유'를 아시아 지역에 보급해야 합니다. 왜냐하면 '자유'라는 단어가 그리스 세계에 들어오자마자 우리 제국과 스파르타 제국의 와해를 초래했기 때문입니다."[17]

이는 아테네의 자유민주주의에 대한 후대의 인상과는 너무나 다른 말이다. 이소크라테스는 철학자로서의 월계관이 아무리 많아도 본질적으로는 정치가였다. 철학자는 영원을 생각할 수 있지만 정치인은

---

15) 이소크라테스는 "그리스의 모든 폴리스는 서로의 분쟁을 끝내고 전쟁을 아시아로 이끌어야 하며, 동시에 야만인(페르시아)들로부터 그들이 누리는 혜택을 빼앗을 결심을 해야 한다. 그러지 않으면 아테네는 어떤 상태에서도 평온을 유지하지 못할 것이다."라고 주장했다. 이소크라테스 지음, 李永斌 등 역, 『古希腊演说辞全集: 伊索克拉底卷』,吉林出版集团, 2015년, 120-121쪽.
16) 이소크라테스 지음, 李永斌 등 역, 『古希腊演说辞全集: 伊索克拉底卷』,吉林出版集团, 2015년, 127쪽.
17) 이소크라테스 지음, 李永斌 등 역, 『古希腊演说辞全集: 伊索克拉底卷』,吉林出版集团, 2015년, 141쪽.

현실을 직시해야 한다. 필리포스의 아들 알렉산더는 20년 뒤 이소크라테스의 전략대로 이집트와 페르시아를 정복하고 '대 그리스' 식민제국을 세웠다. 그러나 알렉산더의 스승은 이소크라테스가 아니라 아리스토텔레스였다. 아리스토텔레스는 '대 그리스'의 길에서 이소크라테스보다 더 멀리 나아갔다.

제2절   아리스토텔레스의 응답

아리스토텔레스는 이소크라테스보다 37살 어렸다. 이소크라테스가 '대 그리스주의'를 처음 꺼냈을 때, 그는 막 마케도니아 산하의 트라키아 소도시에서 태어났다. 아테네 사람들의 눈에는, 그곳은 변방의 야만인 지역이었다. 260년 후에 반란을 일으킨 스파르타쿠스가 바로 이곳 사람이다.

아리스토텔레스는 비록 야만족에 속했지만 마음은 아테네에 있었다. 17세 때 홀로 아테네의 플라톤 아카데미에 들어가 20년이라는 철학 생애를 시작했다. 그는 플라톤의 가장 뛰어난 제자로 한때 플라톤 아카데미의 후계자로 점찍어졌다. 하지만 플라톤은 사망하면서 아카데미를 친조카에게 넘겼다. 가장 중요한 이유는 아리스토텔레스가 이방인이었기 때문이었다. 그는 아테네에서 합법적인 재산(토지)을 가질 수 없었고 정치에도 참여할 수 없었다. 법에 따르면 아테네 시민권을 가지려면 부모가 모두 아테네 출신이어야 했다. 이소크라테스와 소크라테스, 플라톤은 모두 혈통이 순수한 아테네인이었다. 아리스토텔레스는 아테네에 얼마나 살았든, 아테네에 얼마나 많은 공헌을 했든 정치에 참여할 권리가 없었다. 아테네의 법은 그리스의 가장 위대한 현자와 아테네를 영원히 분리하고, 아테네에서 태어나지 않았지만 아테네에 충성하기를 원하는 모든 지식인과 아테네를 분리했다. 아이러니하게도 이 법은 민주정치의 모델로 서구에서 널리 알려진 페리클레스에 의해 공포되었다.

〈설명〉: 아크로폴리스의 파르테논 신전

아리스토텔레스는 결국 아테네를 떠났다.

이소크라테스가 필리포스에게 보내는 공개서한을 발표한 지 3년 후, 아리스토텔레스는 마케도니아 궁정으로 초대받아 알렉산더의 스승으로 부임했다.

아리스토텔레스가 알렉산더를 진정으로 가르친 것은 불과 3년이었다. 수업은 앞뒤로 관통하는 동굴에서 진행되었다. 그는 그리스문명의 최고 표준에 따라 알렉산더를 가르쳤다. 그는 14세 소년에게 그리스 문학과 호메로스를 사랑하게 했고 생물학 · 식물학 · 동물학 등 폭넓은 지식에 열정을 갖게 했다.[18] 더 중요했던 것은 역시 정치사상이었다. 아리스토텔레스는 알렉산더의 교육을 위해 『군주론』과 『식민지론』을 쓰기도 했다. 알렉산더의 동정(东征) 과정에서도 사제 두 사람은 교신이 긴밀했다. 플루타르코스의 『전기』에 따르면 알렉산더는 아리스토텔레스에게서 받은 편지에서 늘 정치학의 이치를 터득했는데 이는 그가 성을 정복하는 것보다 훨씬 더 큰 즐거움을 주었다고 한다. 헤겔은 알렉산더의 정신과 사업의 위대함은 바로 아리스토텔레스의 깊은 형이상학에서 나왔다고 보았다.[19]

알렉산더는 한편으로는 잔혹한 정복전쟁을 하면서 한편으로는 또 그리스 문명을 대대적으로 전파했다. 그는 아프리카 · 서아시아 · 중앙아시아 · 남아시아에 경기장과 신전을 갖춘 헬레니즘 도시를 건설했는데, 이집트 · 리비아 · 시리아 · 팔레스타인 · 이라크 · 페르시아 · 터키 · 아프가니스탄 · 인도 등 지역을 포함하고 있다.

이들 헬레니즘 도시의 박물관과 도서관은 과학문화와 철학예술의 전당이 되었다. 그는 심지어 아시아 동식물 표본을 지속적으로 아테네에서 아카데미를 운영하고 있는 아리스토텔레스에 보내 연구하게 했다. 나중에 알렉산더를 가장 숭배했던 나폴레옹은 이집트 원정 때도 고고학자들을 대거 데려갔고, 결국 로제타석을 발견해 이집트학의

---

18) 폴 카트리지 지음, 曾德华 역, 『亚历山大大帝』, 三联书店 2010년, 48쪽.

19) 헤겔은 다음과 같이 말했다. "알렉산더의 교양은 사변철학이 실천에 쓸모없다는 그런 유행을 강하게 반박한다. 아리스토텔레스는 근대의 왕자 교육에 흔히 쓰는 그런 천박한 방법으로 알렉산더를 가르치지 않았다. 이 점은 아리스토텔레스의 성실함과 진지함에서 쉽게 엿볼 수 있다. 아리스토텔레스는 진리가 무엇인지, 진정한 문화적 교양이 무엇인지를 잘 알고 있었다." 헤겔 지음, 贺麟·王太庆 등 역, 『哲学史讲演录』, 上海人民出版社, 2013년.

시초를 열었다.

서구 제국주의의 '폭력적 정복+문명 전파' 방식은 아리스토텔레스가 발명했던 것이다.

이소크라테스가 '대 그리스'를 위한 군사전략을 만들었다면, 아리스토텔레스는 '대 그리스'를 위한 정신적 틀을 설계했다.

그들의 마음속에 갈등이 없었던 것은 아니다.

이소크라테스가 마케도니아에 요구한 유일한 점은 페르시아인은 '강요'할 수 있지만 그리스인은 '강요'가 아닌 '설득'을 해야 한다는 것이었다.[20] 아리스토텔레스는 더 명확하게 말했다. 마케도니아는 아시아인에 대해서는 주인(노예에 대해서)처럼 다스릴 수 있지만, 그리스 각 폴리스 시민들에 대해서는 두령(추종자에 대해서)처럼 대해야 한다고 했다.

이 말은 곧 내부는 민주주의를 실시하고 외부는 식민주의를 실시하며, 위는 시민이고 아래는 노예라는 '그리스 제국'의 본질을 잘 보여주고 있다. 미국의 사학자 알렉스 퍼거슨은 '제국'이 묘사한 것은 주체민족과 외부민족의 관계로서, 주체민족 내부에서 어떤 정치제도를 채택하느냐 하는 것과는 무관하다고 말했다. 이러한 그리스 식 제국은 훗날 유럽 제국의 정신적 원형이자 정치적 틀이 되었다. 17세기 이후 유럽 제국의 육지로의 동침(東侵)노선은 놀랍게도 알렉산더와 유사했다.

이들의 고심(苦心)에 역사는 어떻게 답했을까?

---

20) 이소크라테스 지음, 李永斌 등 역,『古希腊演说辞全集: 伊索克拉底卷』, 吉林出版集团, 2015년, 122쪽.

제3절   자유와 분열의 갈등

일단 이소크라테스를 말해보자.

B.C 338년 '카이로네이아 전투'[21]가 벌어졌다. 아테네는 마케도니아에 불복하여 군사를 일으켜 도발하였으나 대패하였다. 마케도니아는 '코린토스 동맹'[22]에 힘입어 그리스 세계의 패자가 되었고 페르시아 진출을 적극 모색하기 시작했다.

이 소식을 들었을 때 이소크라테스는 98세로 히포크라테스의 신전에서 기도하고 있었다. 원래대로라면 50년 동안 바라마지 않던 숙원을 마침내 죽기 전에 볼 수 있게 된 것은 하나의 큰 위로라고 할 수 있다. 그런데 예상치 못한 것은 마케도니아 승리 후 9일째 되는 날 갑자기 이소크라테스가 식사를 중단하고 단식으로 사망했다는 것이다. 그가 여전히 사랑하는 아테네가 이 때문에 많은 병사들이 죽고 장례를 치르고 있다는 소식을 동시에 들었기 때문이다. 일방이 흥하니 다른 일방이 망해갔다. 그의 영혼은 찢어지고 정신은 내적인 갈등에 빠졌다.

그의 '대 그리스' 구상은 풀리지 않는 모순을 내포하고 있었다. 강력한 힘을 갖고 있는 마케도니아가 과연 아테네에 대해 '살육'이 아닌 '설득'의 수단만 사용한다는 것을 보장할 수 있었을까? 또한 웅변에 능한 아테네가 마케도니아에 '설득' 당하는 것을 달가워할 수 있었

---

21) 카이로네이아 전투 : B.C 338년에 마케도니아의 필리포스 이세가 테베 · 아테네 연합군과 벌인 전투. 마케도니아가 승리하면서 그리스의 주도권을 장악하였다.
22) 크린토스 동맹 : B.C 337년 겨울, 마케도니아의 필리포스 2세가 주도하여 그리스 도시국가들이 맺은 일종의 군사 동맹이다.

을까? 마케도니아 진영 앞의 아테네 청년들의 시신은 앞으로도 되풀이될 비극을 암시해주고 있었다. 그는 자유를 소중히 여기면서도 통일을 갈망했다. 단합과 통일에서 비롯된 폭력은 자유를 파괴한다. 그러나 자유로 인한 혼란은 단결과 통일을 깨뜨린다. 이상과 현실, 갈등과 고통으로 말미암아 결국 그는 단식으로 생을 마감했다.

그가 죽기 전의 모순은 그가 죽은 후에 더욱 첨예해졌다.

그리스 폴리스들은 더 이상 단결할 수 없었다. 그리스 대군의 원정 전날 밤, 필리포스가 암살로 죽었다는 소식을 들은 테베[23]는 반란을 일으켰고, 알렉산더가 바빌론에서 죽자 아테네는 다시 일어섰다. 나중에 마케도니아가 로마의 침입자와 결전을 벌일 때 그리스 폴리스들은 배후에서 치명타를 날렸다. 마케도니아가 그리스반도 문명을 세계 문명으로 확장시켰지만, 그리스 폴리스들은 외부의 적에 의해 다 같이 망할지언정 마케도니아를 인정하려 하지 않았다.

한편 그리스 제국은 전제주의로 치달았다. 알렉산더는 테베[24]에서 학살을 감행하고 여자와 아이들을 노예로 팔았으며, 페르시아를 정복하자마자 그리스 연합군에게 자신의 발밑의 땅에 입을 맞추라고 요구함으로써, 자신을 신(제우스 아몬드의 아들)으로 승격시켰다. 교만한 폴리스가 어떤 '인간'에게도 복종하려 하지 않았기 때문에, 그가 신이 되지 않으면 폴리스를 초월해 통치하는 합법성을 얻을 수 없었던

---

23) 테베 : 보이오티아 동맹의 맹주로, 그리스에서 강력한 세력을 떨쳤던 테베는 페르시아 제국과 그리스 도시 국가들 간의 전쟁 당시에는 한때 페르시아 제국을 편들어 아테네를 적대하기도 하였다. 고전 시대에는 대체로 아테네, 스파르타에는 미치지 못했지만 양강의 대립 구도를 견제하는 제3세력을 유지할 정도의 능력은 갖추고 있었다. 그러나 페르시아 전쟁이 그리스 연합군의 승리로 돌아간 후 아테네와 스파르타가 중심이 된 그리스 연합군이 공격하면서 그들과 맞서 싸우다 참패하면서 맹주자리에서 끌어내려진다.

24) 테베: 고대 이집트 신왕국시대(B.C1567경~B.C1320경)의 수도. 상이집트, 카이로 남쪽 726km, 현재의 룩소르 주변에 해당. 고왕국시대 (B.C. 2686경~B.C. 2181경) 말기부터 번영했다.

것이다. 알렉산더가 죽자 아시아와 아프리카의 후계자들(셀레우코스 왕조와 프톨레마이오스 왕조)도 그를 본받아 자신과 후손을 '신왕' 으로 만들었다. 결국 이성적인 그리스 정신에서 왕권보다 더 전제적인 '살아있는 신' 이 탄생하게 되었다.

그리스 폴리스들의 반란과 마케도니아 제국의 전제정치는 끝없이 발전하여 그 인과관계조차 구분할 수 없게 되었다.

퍼거슨은 그리스 폴리스들은 융합할 수 없다고 정리했다. "그리스 폴리스는 독특한 내적 구조를 가진 단세포 유기체로, 재분할하지 않는 한 발전할 수 없다. 이들은 같은 종을 무제한으로 복제할 수 있지만, 이러한 세포는 연합하여 강력한 민족 국가를 형성할 수 없었다." 25).

그리스 폴리스 정치의 근간은 민주주의가 아니라 자치이기 때문이다. 스파르타의 쌍왕제(双王制)나 소아시아의 군주제는 아테네의 민주제만큼 오래되었다. 폴리스들은 스스로 어떤 정치제도도 선택할 수 있었으며, 외부의 권위에 결코 복종하지 않았다. 그렇다면 정치제도를 결정할 권한이 누구에게 있었을까? 폴리스 내의 거주자들만 가능했다. 그리스 폴리스에서 투표권이 있는 '시민' 은 대대로 본고장에서 태어난 동족이어야만 했다. 외국인은 지도자가 되기는커녕 아무런 정치적 권리도 얻을 수 없었다.

'절대자치' 는 통일을 불가능하게 만드는 '절대적 지방주의' 를 의미하기도 했다. 그리스 폴리스들은 영토국가뿐 아니라 연방제 국가도 반대했다. 마케도니아가 결성한 코린토스 연합은 아테네로부터 '노역' 이라는 혹평을 받았다. 사실 이 연맹은 투표권을 폴리스들의 실력

25) 윌리엄 퍼거슨 지음, 龚绍祥 역,『希腊帝国主义』, 三联书店 , 2015년 머리말, 1쪽.

에 따라 배분했을 뿐이다. 즉 큰 폴리스는 표를 많이 배분하고 작은 폴리스는 표를 적게 배분한 것이다. 이에 작은 폴리스들은 굳건히 반대했다. 하지만 작은 폴리스들이 연합하여 결성한 '1폴리스 1표' 동맹(아카이아 동맹[26])과 아이톨리아 동맹[27])은 또 아테네와 스파르타 같은 큰 폴리스들이 반대를 받았다.

폴리스의 이익은 공동체의 이익보다 우선되어야 했다. 따라서 그리스 전체가 로마에 정복되기 전까지, 크고 작은 폴리스가 모두 만족하는 '연방제'를 발전시킬 수는 없었다.

제4절 질서와 통일에 대한 추구

분(分)과 합(合)에 대해 전국(战国)은 고대 그리스의 정치관념과는 완전히 달랐다.

중국 상고시대에도 크고 작은 나라들이 즐비했고 일성일국(一城一国)의 양상이 있었다.[28] 이는 그리스의 폴리스 세계와 유사했다. 주(周)나라 초까지도 1,800여 개의 부족 국가가 남아 있었다. 이들은 오래 분립하지 않았고, 지속적인 싸움과 병탄 속에서 지역적인 왕국

---

26) 아카이아 동맹 : 고대 그리스의 펠로폰네소스반도 북쪽 아카이아 지방에 있던 도시들이 B.C 280년경에 결성한 동맹. 코린트만 건너편에서 침입하는 해적을 막기 위한 동맹으로, 발족 후 한때는 펠로폰네소스반도 전체를 망라하는 세력이 되었으나 B.C 146년 로마에 패하자 해체되었다.
27) 아이톨리아 동맹: 고대 그리스 아이톨리아 지역의 폴리스들을 중심으로 맺어진 동맹.
28) 『左传·哀公·哀公七年』에는 "우왕이 여러 제후들을 도산에 불러 모아, 제후들 앞에서 옥백을 손에 들고 하늘에 제사를 올렸다.(禹合诸侯于涂山，执玉帛者万国)"는 기록이 있다. 杨伯峻 주석, 『春秋左传注』(수정본), 中华书局, 2016년.

을 형성하여 통일왕조로 발전하였다.

표면적으로는 수메르·이집트·페르시아와 같은 서아시아 및 북아프리카의 고대문명도 마찬가지처럼 보이지만 사실은 다르다. 아시아·아프리카의 고대 국가는 '신권'에 의존했던 반면, 중국은 세속적·윤리적 합의에 의존했기 때문이었다.

〈설명〉 : 산동 취푸(山东曲阜)의 공자 육예성 예청(孔子六艺城礼厅)의 대형 공연. 여러 제후국들이 주나라 천자를 배알하고 열병대전을 관람하는 장면을 재현하였다.

중국 하상주(夏商周) 시대의 제후국 세계에는 정치력에서 문화적 영향까지 절대 우위에 있는 나라가 항상 존재하며, 명목상 또는 실질적인 공주(共主)가 군림했다.[29] 누가 공주가 될지는 누가 유일한 천명(天命)을 가지고 있느냐에 달려있었다. 천명은 무력과 도덕을 동시에 포함하는데, 도덕은 신권이 아니라 민심에 기초했다. 강대하고 백성들을 지켜줄 수 있는 자만이 천명을 가질 수 있었다. 그렇지 않으면 천명이 바뀌게 되었다. 은(殷)나라가 하(夏)나라를 멸하고, 주(周)나라가 은나라를 멸한 것이 바로 그것이다. 그렇다고 천명을 잃은 나라

---

29) 新华社记者王丁 桂娟 双瑞, 『求解中国考古学"哥德巴赫猜想"──跨越 60 年的 夏朝探寻』, http://www.xinhuanet.com/politics/2019-11/30/c_1125292348.htm

가 멸망하는 것은 아니다. 새로운 질서에 복종함으로써 계속 생존하게 되는 것이다. 전국칠웅(战国七雄)은 더 이상 주나라 천자에 복종하지 않았지만, 천명은 하나라는 데는 이견이 없었고 따라서 분치가 오래가지 않았다. 제자백가(诸子百家)는 격렬하게 논쟁하면서도 통일된 질서를 세우는 것이야말로 난국을 바로잡는 길이라는 데에는 모두 공감했다. 동시대의 그리스 폴리스 세계에는 공주(共主)가 존재하지 않았고, 서로 다른 연합들이 내분을 벌였을 뿐이다. 이들은 결코 하나의 '공통 질서'를 인정하지 않았다.

제후국들 사이의 관계를 보면, 주나라의 봉국(封国)은 천자를 호위할 책임이 있고, 봉국이 아닌 경우는 주나라 왕조와의 혼인을 통해 인척관계를 맺는다. 봉국 사이에는 따라야 할 일련의 규칙이 있는데, 예를 들어 한 나라에 역병이 발생하면 다른 나라가 재물을 지원해야 하고, 한 나라에 흉년이 들면 다른 나라가 식량을 빌려줘야 하며, 한 나라에 경사나 장례식이 있으면 다른 나라들은 축하나 애도를 표하러 가야 한다. 이러한 책임은 강제적인 것으로서 천자가 책임지고 유지했다. 천자의 권위가 약해진 춘추시대에도 이 규칙을 유지해야 패주가 될 수 있었다. 이는 같은 '화하세계(华夏世界)'에 공존한다는 정체성 강화로 이어졌다. 그리스 폴리스들 사이에는 혈연관계가 있지만 책임관계는 없었다. 모국에서 식민지로 나간 새 폴리스도 모국에 대한 책임과 의무는 없었는데, 심지어는 모국에 대한 공격도 마다하지 않았다. 그리스인들도 이런 점을 고민했고, 같은 그리스인이라는 정체성을 깨우치기 위해 각종 대형 축제와 대회도 개최했다. 하지만 그리스와 페르시아 전쟁 때에도 그리스인이라는 공동 신분은 미약한 역할밖에 하지를 못했다.

두 문명의 근성은 두 가지 다른 길을 만들어냈다.

서양은 끊임없이 분열로 나아갔다. 지역적으로 분열하고, 민족적으로 분열하고, 언어적으로 분열했다. 로마나 기독교처럼 통일하려는 노력도 없지는 않았다. 그러나 분열의 흐름이 대세를 이루었고, 결국 개인주의와 자유주의로 귀결되었다.

중국은 끊임없이 화합의 길을 걸었다. 지역적으로 화합하고, 민족적으로 화합하고 언어적으로 화합했다. 왕조의 교체나 유목민 충돌과 같은 분리 기간도 있었지만 화합의 추세가 주류를 이루면서 중화문명의 집단주의적 근성이 생겨났다.

중화문명에 분(分)의 개념이 없는 것은 아니지만 분치(分治)가 아니라 분업(分工)이다. 순자는 '분합(分合) 관계'에 대해 가장 명확하게 설명했다. 그는 "사람은 힘이 약한데도 금수(禽兽)를 초월하여 생존할 수 있는 것은 서로 조직되어 집단을 구성할 수 있기 때문이다."라고 말했다. 집단을 구성하는 열쇠는 '분업', 즉 서로 다른 사회적 역할을 하되 서로에 대한 책임을 지는 것이다. 분업이 '예의'에 맞으면 사회를 통합할 수 있다. 그러므로 분(分)은 화(和)를 위한 것이고, 화는 통일을 위한 것이며, 통일은 많은 힘을 갖게 되고, 많은 힘은 곧 강대함을 의미하며, 강대하면 자연을 개조할 수 있는 것이다.[30]

제5절 폐쇄와 개방의 귀로

---

30) 王先谦, 『荀子集解』, 中华书局, 1988년, 164쪽.

이소크라테스는 죽었다. 이제 아리스토텔레스의 운명을 말해보자.

알렉산더의 눈부신 원정 때, 스승은 제자의 덕을 톡톡히 봤다. 아리스토텔레스는 아테네로 복귀해 '리케이온31) 아카데미'를 열었다. 비용은 마케도니아에서 냈다.

리케이온 아카데미는 곧 플라톤 아카데미의 강적이 되었다. 아리스토텔레스는 리케이온 아카데미에서 자신과 같은 이방인 출신 사상가를 전문적으로 모집했다. 아테네인들은 뒤에서 아리스토텔레스를 '배은망덕' 하다고 욕했다. 이방인들을 모아 마케도니아를 위한 싱크탱크를 만들고, 스파이나 로비스트로 활동하도록 하는 문화침략의 선봉장이라는 것이었다.

아리스토텔레스의 본의가 그랬었는지도 모른다. 아테네는 지혜에 의해서만 정복될 수 있으니, 더 큰 지혜로써 정복해야 했기 때문이었다. 아리스토텔레스는 리케이온 아카데미에서 47권의 저서를 남겨놓음으로서 인류 역사상 가장 넓고 통일된 지식체계를 구축하여 '제2의 아테네 시대'를 개척했다. 이는 지혜는 신의 계시를 필요로 하지 않고 이성과 논리로 인식할 수 있다는 사실을 사람들에게 처음 알려준 것이었다.

여기서 그는 서양 정치학의 지침서로 추앙받는 명저 『정치학』을 집필했는데, 여기에는 폴리스 정치에 대한 반성이 많이 담겨 있다. 그는 폴리스 정치를 군주와 참주(僭主), 귀족과 과두(寡头), 공화와 평민의

---

31) 리케이온(고대 그리스어: Λύκειον, Lykeion) : 고대 그리스의 체육장이자 이전에는 고대 아테네의 숲 속에 있던 공공 모임 장소였다. 리케이온이란 이름은 그들의 수호신인 아폴론 리케이오스(Ἀπόλλων Λύκειος)를 기리기 위해 붙여진 것이다. 아리스토텔레스와의 관계로 가장 잘 알려져 있으나, B.C 334년 또는 335년 아리스토텔레스가 그곳에 소요학파를 세우기 전에도 오랫동안 존재하였고, B.C 323년 아리스토텔레스가 아테네로부터 망명한 이후 B.C 86년 로마의 장군인 술라가 아테네를 약탈할 때까지 존속하였다.

6가지 형태로 구분했는데, 이 중 폭민정체(暴民政体)를 법에 의존하지 않는 또 다른 전제라고 신랄하게 비판했다. 이는 극단적 포퓰리즘[32]에 가까운 것이다.

놀랍게도 그는 '절대왕권'이라는 개념도 제시했다. "절대권력을 가진 군주가 씨족 전체 또는 도시 전체를 대표해 모든 인민의 공무를 전권통치하는 형태로, 이는 가부장적 가족 관리와 같은 것이다."[33] 그는 또 "전체는 늘 부분을 초월한다. 탁월한 인물은 그 자체가 바로 하나의 전체이고, 다른 사람들은 그에 속하는 부분이다. 따라서 유일한 방법은 모두가 그의 통치에 복종하며, 교대로 하지 않고 무기한으로 통치권을 장악하는 것이다."라고 주장했다.[34] 이는 그리스 세계의 정치윤리에서는 극단적인 이류라고 할 수 있는 것이었다.

그렇다면 누가 이 '절대왕권'의 원형이었을까? 일부 서양학자들은 절대왕권은 아리스토텔레스가 알렉산더를 위해 만든 이론이라고 생각했다.[35] 첼러는 다음과 같이 말했다. "그(아리스토텔레스)가 진정한 왕자의 이상을, 어떤 대립이나 한계도 없는 권력을 유익한 방향으로 인도하는 수단으로 사용하고, 지나친 자부심으로 가득 찬 군주를 향해, 절대 왕권은 오직 동등하고 절대적인 도덕적 위대함으로만 얻을 수 있다고 말한다고 가정해보자."[36] 이는 순자가 유가를 받아들이

---

32) 포퓰리즘(Populism) : '대중'과 '엘리트'를 동등하게 놓고 정치 및 사회 체제의 변화를 주장하는 수사법, 또는 그런 변화로 정의된다. 캠브리지 사전은 포퓰리즘을 "보통사람들의 요구와 바람을 대변하려는 정치 사상이나 활동"이라고 정의했다.

33) 아리스토텔레스 지음, (吴寿彭 역,『政治学』, 商务印书馆, 1965년, 164쪽.

34) 아리스토텔레스 지음, (吴寿彭 역,『政治学』, 商务印书馆, 1965년, 176쪽.

35) See A. B. Bosworth, Alexander and the East: The Tragedy of Triumph, New York: Oxford University Press, 1998, pp. 105-110.

36) Aristotle and the Earlier Peripatetics: Being a Translation from Zeller's Philosophy of the Greeks, Vol. II, by B. F. C. Costelloe, M. A. and J. H. Muirhead, M. A. London, New York and Bombay: Longmans, Green, and Co., 1897, pp. 255-256.

도록 진나라에 권유하려는 동기와 유사했다.

그러나 '절대왕권'은 결코 아리스토텔레스가 알렉산더를 위해 만든 것이 아니라고 대부분 서양학자들은 인정하고 있다. 이 개념은 페르시아 제국의 주노(主奴) 전제제도[37]를 가리킨다든지 아니면 아리스토텔레스의 이론이 추론하는 극단적인 패턴일 뿐 정치실천에 뛰어들 준비가 되어 있지 않다는 것이다. 왜냐하면 이처럼 '탁월한 군주'는 이론 속에만 존재할 뿐, 현실 속에서는 나타날 수 없기 때문이다.

아리스토텔레스는 "'인중의 신(人中之神)'을 찬양했지만…… 이는 실현 가능성이 거의 없는 이상임을 인정했다."[38] 그러나 폴리스는 인간의 제도이며, 완벽하지 못한 개인에 의해 발전하여 좋은 공동생활을 추구했다.[39] 그러므로 아리스토텔레스의 근본적인 추구는 여전히 공화정치, 즉 귀족제도와 민주제도의 결합이었던 것이다.

그럼에도 공화폴리스 정치의 정신적 스승이었던 아리스토텔레스가 절대왕권을 구상한 것은 그리스 사상세계의 깊은 모순을 잘 보여주었다.

아리스토텔레스가 아테네로 돌아온 지 13년(B.C 323년)만에 알렉산더는 바빌론에서 병사했다. 그는 한을 품고 죽었다. B.C 325년 알렉산더는 이집트·페르시아·인도를 차례로 정복한 군대를 이끌고

---

37) See Newman, The Politics of Aristotle, with an introduction, two prefatory essays and notes critical and explanatory by W. L. Newman, M. A. Oxford: The Clarendon Press, 1902, p243, pp. 255-256. "This is as much as to say that they are Absolute Kings. The Persian King was a law to the Persians." "It is the expediency of the Absolute Kingship, however, that he really wishes to discuss. In his account of this form Aristotle probably has the Persian Kingship before him." p. 243, pp. 255-256.
38) Sir David Ross, Aristotle, with an introduction by John L. Ackrill, Sixth edition, London and New York: Routledge, 1995, p. 268.
39) The Cambridge Companion to Aristotle, edited by Jonathan Barnes, Cambridge: Cambridge University Press, 1995, p. 246.

지금의 인도 펀자브주 베아스 강변에 이르렀다. 이 강을 건너면 그가 꿈꾸던 전체 인도, 심지어는 중국에까지 이르게 된다. 그는 격정적으로 장병들이 계속 전진하도록 격려했다. 하지만 여러 해 동안 싸운 기사들은 지쳐있었다. 그들의 뒤에는 무거운 전리품을 가득 싫은 말과 낙타 대오가 있었다. 그들은 더 이상 한 걸음도 전진하지 않으려 했다. 알렉산더는 강변의 기울어가는 석양을 따라 울분을 삼키며 회군할 수밖에 없었다. 그리고 2년 후 병사하고 말았다.

알렉산더가 회군한 그 해에 중국 진나라 혜문왕(惠文王)은 '상앙변법' 30년의 성과를 소화하고 천하를 통일하려는 야망을 굳혔다. 조나라의 무령왕(武灵王)도 이 해에 즉위하여 호복기사(胡服骑射)[40] 제도를 실시하여 동아시아 최강의 기보병(骑步兵) 혼성군을 만들었다. 이 해를 전후하여 맹자는 추(邹)나라·등(滕)나라·위(魏)나라 등 지역을 여행하며 공자의 학설을 계승하여 '인정(仁政)' 사상을 체계적으로 제시하였고, 장자(庄子)는 송(宋)나라·초(楚)나라·위(魏)나라 등 지역을 여행하며 노자의 학설을 계승하여 '천도(天道)' 사상을 제시하였다. 제(齐)나라에서는 직하학궁(稷下学宫)을 건설하여 유(儒)·도(道)·명(名)·법(法)·병(兵)·농(农)·음양 등 각 학파를 망라하려고 노력하였다. 이로써 중화문명의 정신세계가 형성되었다. 군사역량에서 사회제도, 사상과 이념에 이르기까지 동서양의 고대문명은 동시에 각자의 문명 내핵(內核)을 탄생시켰다. 다만 역사는 그들을 이때 서로 만나도록 하지 않았던 것이다. 하지만 흔적은 조금 남아 있었으

---

40) 호복기사 : 호인(胡人, 오랑캐)의 옷을 입고 말을 타면서 활을 쏜다는 뜻. 즉 흉노 등 북방의 유목 민족이 입는 옷을 본떠 입고 그들의 기술을 따라 배웠다는 것을 말한다. 이는 실제로 겉모습만 따라 한 게 아니라, 북방 유목민족의 장점을 따라 배운 것으로, 기병의 전술뿐만 아니라 문화와 생활 습관까지 따라 배운 것이다. 따라서 이는 군사적인 개혁이 아닌, 전 방위적인 개혁이라 할 수 있다.

니 20세기 고고학자들은 신장(新疆) 허톈(和田)에서 기이한 동전을 발굴해 낸 것이 그것이다.

동전의 몸체는 전형적인 그리스 형태이지만 화폐가치와 무게는 진·한(秦汉) 규격이었다. 앞면에는 한문전서(汉文篆字), 뒷면에는 구노문(佉卢文)이 새겨져 있는데, 구노문은 박트리아 왕국의 문자이다. 이 왕국은 알렉산더가 남긴 헬레니즘 왕국으로 오늘날 아프가니스탄에 있는데, 중국에서 서천(西迁)한 월씨(月氏) 왕국을 매개로 하여 한(汉) 왕조와 문화교역을 하게 되었고, 이로써 훗날 동서양을 잇는 '실크로드'를 형성할 수 있는 토대를 마련하였던 것이다. '세상 끝'까지 가겠다는 알렉산더의 꿈을 저승에서야 위로해준 셈이었다.

〈설명〉: 한구이체전(汉佉二体钱)은 동서양 문화의 합작품이며 한나라와 고대 호탄국 사이의 밀접한 관계와 한문화가 고대 호탄국 문화에 미치는 영향에 대한 강력한 증거이기도 하다. 사진은 허톈(和田) 박물관에 소장된 한구이체전이다.

다시 그리스로 눈을 돌려보면, 위대한 학생 알렉산더가 죽자 위대한 스승 아리스토텔레스는 역공을 당했다. 아테네 민회의 재판을 받게 되었는데 '신성 모독'이 빌미였다. 지난번에 이렇게 재판을 받고 독배를 마신 사람은 그의 스승의 스승 소크라테스였다.

아리스토텔레스는 이런 전철을 밟지 않으려 했다. 그는 마케도니아의 통제 하에 있는 에보이아섬으로 피신했다. 섬에는 온천과 소나무가 있었다. 1년 후 그는 울적한 기분으로 세상을 떠났다. 아테네에서는 소크라테스와 같은 기개가 없다고 도망친 그를 비웃었다.

아리스토텔레스의 학문 체계는 후대의 서양문명을 형성했지만 당시 아테네를 정복하지는 못했다. 그리스 폴리스들의 '토착성'에 대한 절대적인 고집이 정치의 폐쇄를 초래했던 것이다. 동시대 중국 사상가들은 아리스토텔레스보다 훨씬 운이 좋았다. 그들은 여러 나라를 돌아다니며 발전할 수 있었고, 자신의 정치적 이상에 부합하는 곳을 선택해서 재능을 마음껏 펼칠 수 있었다. 전국칠웅(战国七雄)의 개혁은 모두 외래의 유사(游士)들에 의해 주도되었다. 진나라가 천하를 통일할 수 있었던 것은 바로 승상(丞相, 재상)과 객경(客卿, 다른 나라에서 와서 경상[卿相]의 자리에 있는 사람 - 역자 주)이 모두 외부의 지식인이었기 때문이다. 분치(分治)라고 해서 개방적이라고 할 수 없고, 통일이라고 해서 폐쇄적이라고 할 수는 없는 것이다.

제6절　점유와 통치의 차이

이소크라테스의 죽음과 마찬가지로 아리스토텔레스의 죽음 이후의 정세는 그의 이상과는 정반대의 방향으로 흘러갔다.

알렉산드로스(알렉산더) 제국은 내부가 분열되었고, 3대 계승자 왕국은 서로 정벌하면서 끊임없이 분열하고 독립하였다. 이는 알렉산더가 일찍 죽었기 때문이 아니었다. 그가 살아있을 때에도 유럽과 아시아의 일부 상층부의 통혼을 추진한 것 말고는 통합을 위한 노력은 전혀 하지 않았다. 점령한 나라들로 이루어진 거대한 제국에 대한 내부의 정치통합도, 기층정권의 구축도 하지 않았던 것이다.

알렉산드로스 제국의 확장 방식은 가는 곳마다 그리스 식 자치도시를 만드는 것이었다. 이 '자치'는 이 도시에 남은 그리스 식민자(殖民者)들에게만 적용되는 것으로, 정복된 토족사회를 포함하지 않았다. 새로 정복한 아시아 도시마다 알렉산더는 자신의 '왕우(王友)'를 총독으로 파견해 군사와 세금만 관리케 했고, 도시의 민정은 그리스 이민자로 구성된 '자치위원회'에 의해 관리하도록 하였다. 세금징수를 앞당기고 행정비용을 낮추기 위해 마케도니아 총독들은 상인들에게 세금 징수권을 경매로 넘기기까지 했다.

중국 전국(战国)시대의 기층 정권은 전혀 다른 방식으로 조직되었다. 출토된 진간(秦简)에 따르면, 진나라는 점령하는 지역마다 현(县)에서 향(乡)에 이르는 기층정권을 설립했다. 현과 향의 관리는 세금 징수, 황무지 개간, 호적 통계, 물산 기록 등을 책임지고 해당 정보를 진나라 수도 함양(咸阳)으로 보내 보관케 했다. 또한 관리들은 한 곳에 오래 머무르지 않고 몇 년에 한 번씩 교환하도록 했다.

민정을 포기하고 세금과 돈만 챙기며 불복하면 군대를 보내 탄압함으로써 일시적으로 최소한의 행정비용으로 최대의 부를 얻을 수 있게 했다. 하지만 이렇게 하면 지역사회에 대한 장기적인 통합은 포기하는 것이나 다름없었다. 이런 체제는 중앙권력이 강할 때는 괜찮지만 일단 중앙권력이 약해지면 원심력이 생기고 도시들이 통제에서 이탈하게 되기 때문이다. 결국 알렉산드로스 제국의 붕괴는 필연적이었던 것이다.

알렉산더를 탓할 수도 없는 일이다. 그의 스승 아리스토텔레스도 대규모 정치체(政治体)의 논리를 생각해 본 적이 없었기 때문이다. 그의 '절대 왕권' 개념은 폴리스 차원에서 연출된 것일 뿐이다. 그 시대에 이집트나 페르시아와 같은 초대형 정치체가 없었던 것은 아니다. 그러나 아리스토텔레스는 이들 모두가 '비정치적'이며 선진적이지 못하다고 여겼으며, 그리스 폴리스 정치만이 '정치적'이라고 생각했다.[41] 알렉산드로스 제국은 그의 정신적 지도 아래 정치 현실이 되었지만 이집트나 페르시아보다 더 '선진적'인 초대형 정치체를 설계하지는 못했다.

정치적 실체로서의 그리스 통일국가는 사라졌지만 문화정신으로서의 그리스는 로마라는 몸체 위에서 영속돼 유럽 정신의 모태가 되었다고 후대에서는 항변한다. 나라가 망해도 상관없고, 문화가 영원하면 충분하다는 것이다.

그렇다면 당시 그리스인들이 뭐라고 했는지는 들어봐야 할 것이다. 그리스의 폴리스들이 멸망하는 과정에서 그리스의 수많은 고급 지식인들이 인질 신분으로 로마귀족 가문의 가정교사로 보내졌다. 그중에는 유명한 역사학자 폴리비우스[42]도 있었다. 그는 역작 『역사』에서 "왜 그리스는 무너지고 로마는 계속 강해질 수 있을까?"고 질문했다. 그가 그때 마음속으로 원했던 것은 아마도 정신만 살아 있는 그리스가 아니라 실체와 정신이 공존하는 그리스였을 것이다

---

41) 아리스토텔레스는 다음과 같이 말했다. "대부분의 사람들은 대국(大国)이 행복하기 마련이라고 생각한다. 그들의 말이 맞을 수도 있지만, 그들은 폴리스의 크고 작은 실의를 제대로 이해하지 못하고 있다. 그들은 수(数)를 기준으로 인구(주민)의 많고 적음에 따라 폴리스의 크기를 판단하지만, 국세의 강약은 수로 따지기보다는 그들의 능력을 근거로 삼는 것이다. 사람들이 각자 자기의 직업에 종사하듯이, 폴리스도 각자 제 역할을 다해야 한다. 그 역할을 할 수 있는 최고의 능력을 가진 종족이 가장 위대한 폴리스라고 할 수 있다." 亚里士多德 지음, 吳寿彭 역, 『政治学』, 商务印书馆, 1965년, 358쪽.
42) 폴리비우스 : 고대 그리스의 정치인, 역사가. 고대 로마의 성장기를 다룬 『히스토리아(역사)』로 유명하다

맺음말

제1절   대사의 누명을 벗겨주다

아리스토텔레스는 죽은 후 7~8백 년 동안 사상계에서 냉대를 받았다. 그의 마케도니아 경력은 오히려 오점으로 여겨졌다. 전해 내려오는 그리스·로마 문헌은 '현실주의' 라느니, '공리주의' 라느니, '강권자에 의지한다' 는 등 그를 비꼬기에 바빴다. 그러다가 중세 종교인들이 하나님의 존재를 증명하기 위해 그의 사상을 인용하게 되면서부터 비로소 숭고한 지위를 되찾을 수 있었다. 그의 저서는 이집트의 알렉산드리아 도서관에 보관되었는데 아랍인들에 의해 번역되었다. 후에 십자군 원정을 거쳐 유럽으로 되돌아가고 결국 르네상스를 이끌게 되었다.

이소크라테스는 더 오랜 시간 냉대를 받았다. 오랜 역사 기간 동안 그의 자살은 천벌로 여겨졌다. 사람들은 그가 필리포스와 짜고 그리스를 기만했기에 벌을 받은 것이라고 생각했다. 그의 무덤 기둥 꼭대기에는 노래로 사람을 현혹하는 바다요괴 세이렌의 조각상이 세워져 있다. 근대에 와서 마케도니아 제국이 그리스 문화를 전파한 공적을 다시 토론하면서 이소크라테스는 비로소 재평가를 받게 되었다.

순자의 운명에 대해서는 앞에서 이미 말했는데 여기서 좀 더 보충하기로 한다. 1898년 무술변법이 실패하자 담사동(谭嗣同)은 죽기 전에 『인학(仁学)』을 써서 순자를 호되게 꾸짖으려고 결심했다. 그는 중국 역대 왕조가 겉으로는 어떤 이데올로기를 내세우든 근본적으로는 모두 순학(荀学)에 귀결된다고 생각했다. "2천 년 동안의 정치는 모두 진나라의 정치를 답습했는데, 하나같이 큰 도둑놈들이다. 2천 년 동안의 학문은 모두 순학(荀学)으로 귀결되는데, 하나같이 사기꾼에 불과하다. 도둑놈만이 사기꾼을 이용하고, 사기꾼만이 도둑놈에게 아첨한다." [43]

양계초(梁启超)는 순자가 법가를 유가에 받아들여 2천 년 동안 전제주의를 유지하게 한 장본인이라고 더욱 심하게 비난했다.

그러나 30년 뒤, "어제의 나와 결별"을 거듭하던 양계초는 죽기 얼마 전(1927년) 순자를 위해 사건을 뒤집었다.

순자의 첫 번째 '죄증'은 '성악론'이다. 즉 "사람의 본성은 원래 악한 것이고, 선하게 보이는 것은 위선일 뿐이다.(人之性恶明矣, 其善者伪)"라는 관점이다. 그러나 양계초는 기어이 전국시대의 고한어(古汉语)에서 위(伪)는 '위선'의 의미가 아니라 '변화'의 의미라는 또 다른 해석을 찾아냈다. 순자는 "사람의 본성은 원래 악한 것이기에, 전제의 수단으로만 다스릴 수 있다."고 한 것이 아니라, "사람의 본성은 원래 악하지만, 교화하여 변화시킬 수 있다."고 했다는 것이다. 따라서 엄한 벌로 악한 본성을 다스려야 할 뿐만 아니라, 인의도덕으로 교화하여 선한 방향으로 이끌어야 한다는 것이었다. 이로써 순자의 학설을 공자와 맹자의 학설과 통일시켰다.

양계초는 30년 동안 미국의 먼로주의, 제1차 세계대전, 국제연맹의

---

43) 张岱年, 『中国启蒙思想文库·仁学 - 谭嗣同集』, 辽宁人民出版社, 1994, 70쪽.

파산을 경험했으며, 유신과 공화도 해보고 입헌당(立憲党)을 설립했으며 2차 혁명(二次革命)도 조직했었다. 그러다가 결국에는 학문의 길로 복귀하게 된다. 그는 중국을 이해했고 자기 자신도 이해했다.

결국 그는 순자를 위해 글자 하나를 고치기에 이르렀다.

근대사에서 순자를 재평가한 것은 양계초뿐이 아니다. 장태염(章太炎)은 순자를 공자 다음의 성인으로 추앙했고,[44] 호적(胡適)은 순학(荀学)과 동시대의 여러 학파가 연관되어 있다고 생각했으며, 곽말약(郭沫若)은 순자를 잡가(杂家)의 조상이라고 했고, 풍우란(冯友兰)은 순자의 중국사적 위상을 서양의 아리스토텔레스와 같다고 평가했다.[45] 마지막으로 마오주석(毛主席)은 순자는 유물론자로서 유가의 '좌파'라고 하면서, 그의 "천명을 만들어 사용하라.(制天命而用之)"는 철학관과 '법후왕(法后王)'의 역사관을 높이 평가했다.[46]

이 몇몇 사상가들의 운명은 모든 문명의 내부와 모든 정신적 추구에는 거대한 모순을 내포하고 있음을 보여주고 있다. 인류사회의 진행과정에는 모든 것을 설명할 수 있는 어떤 이론도 존재하지 않으며, 어떤 보편적인 절대 원칙도 존재하지 않는다. 유토피아를 구축하기보다 실제 세계를 변화시키는 데 전념하는 모든 사상가들은 언젠가 스스로 타협할 수 없는, 서로 대립되면서도 통일되는 갈등의 고통에 직면하게 될 것이다.

그러나 이 고통과 갈등 속에 상생의 미래도 잉태되고 있는 것이다. 따라서 어떤 절대성에 고개를 숙이지 않고 불가능에서 가능성을 창조하는 용기를 가져야 할 것이다.

---

44) 汤志钧, 『章太炎政论选集』, 中华书局, 1977, 38쪽.

45) 冯友兰, 『中国哲学史(上)』, 华东师范大学出版社, 2000년, 234쪽.

46) 陈晋著, 『毛泽东阅读史』, 生活·读书·新知三联书店, 2014년.

제2절   문명의 부활

오늘의 시대에 가장 큰 갈등은 "자유 우선이냐?" "질서 우선이냐?"
를 따지는 것이다. 이는 그리스문명과 중화문명의 핵심 요지이기도
하다.

그리스인들의 자유에 대한 사랑은 '그리스인' 이라는 낱말이 종족
명칭에서 '지혜' 의 대명사로 바뀌게 했다. '그리스인' 이라고 하면 그
가 어디서 왔든 지혜로운 사람이라는 뜻이 되었다. 질서에 대한 중국
인의 사랑은 중국문명을 유일한 동근동문(同根同文)으로 만들어 국
가형태로써 오늘에 이르고 있다.

문명의 장점이 동시에 단점인 경우도 많다. 과학기술을 예로 들면
중화문명은 역사적으로 근대과학을 만들어내지 못했다. 제도적으로
질서에 대한 추구가 극에 달할 때 효율적 가치관의 형성을 저해하고
혁신기술의 동력을 잃게 된다. 가치관의 관점에서 극단적 실용주의와
경험주의는 객관적인 세계에 대한 논리적 추론을 무시하여 이론과 실
험 및 기술이 서로 분리되는 결과를 초래하게 된다. 이는 중국에서 현
대 과학의 출현을 방해하는 요소로 작용했다. 그리스문명의 과학기술
성과는 고대 아시아 · 아프리카 문명이 축적한 수학 · 천문학 · 공학
지식의 영향을 받은 것은 사실이지만, 결국 이러한 문명의 성과를 집
중하고 업그레이드하여 후대 유럽 과학의 토대를 마련했다. 이는 중
화문명이 그리스문명을 본받아야 할 점이다.

중국만이 유일한 통일문명인 것은 아니다. 그러나 모든 통일문명의
가장 중요한 가치기반은 항구적인 평화에 있다. 오랜 평화가 가져다
주는 안정과 혼란과 자유가 가져다주는 혁신 중 어느 것이 더 추구할

가치가 있는가? 이는 철학·정치학·윤리학 등 다양한 분야의 끝없는 논쟁을 망라하는, 서로 다른 문명의 가치관 싸움으로서, 영원히 결론을 내리지 못할 것이다. 그리스와 로마문명 내부에서도 많은 질문에 대한 답은 서로 다르다. 이를테면 어떤 사학자는 다음과 같이 말했다. "로마는 지혜를 잉태하는 데 그리스보다 훨씬 못하다. 모든 철학과 과학은 그리스에서 탄생했고 로마는 단지 몇 명의 시인과 장인을 배출했을 뿐이다. 그러나 로마의 정치시스템이 없었다면 그리스 문화와 기독교의 세계적 전파는 없었을 것이다." 또 어떤 정치학자는 다음과 같이 말했다. "아테네처럼 추첨에 따라 통치권이 결정되는 직접민주주의만이 진정한 민주주의라고 할 수 있다. 그러나 로마의 혼합 정치제도가 없었다면 아테네의 정신은 영원히 세계적인 문명으로 발전하지 못했을 것이고, 단지 수만 명의 작은 폴리스에 국한되었을 것이다."

서로 다른 답은 곧 서로 다른 루트를 뜻한다. 이러한 차이를 유지하는 것 자체가 바로 문명의 미래 승화에 대한 가능성을 남기는 것이다. 다양성과 모순이 공존하면 인류문명의 유전자은행에 더 많은 씨앗을 남길 것이다.

따라서 '자유 우선'과 '질서 우선'의 불일치가 중국과 서양문명의 교류에 장애가 되어서는 안 되며, 오히려 중국과 서양문명의 상호 인식의 기초가 되어야 할 것이다. 한편으로 기술발전이 폭발적 혁신의 전야로 접어들면서 자유가 주는 창의성을 깊이 깨닫게 되고, 다른 한편으로 비전통적인 안보위기가 빈번하게 일어나면서 질서의 소중함을 새삼 깨닫게 된다. 자유에 대해서는 질서를 강화해 와해를 방지하고, 질서에 대해서는 자유를 강화해 혁신을 자극하는 방법을 검토해야 한다. 문제는 자유와 질서 중 하나를 선택하는 것이 아니라 어느 고리에서 자유를, 어느 고리에서 질서를 강화하느냐에 있는 것이다.

과거에는 한 가지 개념을 검증하는 데 수백 년이 걸리고 여러 세대가 시행착오를 반복했다. 하지만 오늘 같은 기술혁명의 시대에는 몇 년 안에 그 맥락을 볼 수가 있다. 반성과 성찰, 끊임없는 포용, 조화로운 공생, 상호 배려를 아는 문명만이 진정으로 지속 가능한 문명이다. 그러기 위해서는 중국과 서양이 마주앉아서 허심탄회하게 속마음을 털어놓아야 할 것이다.

제 2 편

진 · 한과 로마

『역사의 종언』의 저자 후쿠야마는 최근 몇 년 동안 여러 차례 글을 써서 중국 제도가 '강한 국가 능력'을 가지고 있으며, 중국은 진·한 (秦汉) 때 이미 세계 최초의 '현대적 국가'를 세웠는데 이는 유럽보다 1800년이나 앞선 것이라고 지적했다.[47] 여기서 '현대'는 혈연(血缘) 을 따르지 않고, 법리에 의거하며, 관료체계가 뚜렷하고, 권한과 책임 이 명확한 합리적인 관료시스템을 의미한다.

진·한과 동시대에 로마가 있었다. 유럽사에서 대규모 정치체 (政治体) 창설을 추구하는 사람들은 모두 로마를 정신적 상징으로 삼 았다. 샤를마뉴 대제[48]에서 신성로마제국, 나폴레옹에서 제3제국까 지가 모두 그랬다. 오늘날에도 세계질서는 '미국 치하의 평화(Pax Americana)'[49]로 인식되고 있는데 그 어원은 바로 '로마 치하의 평화

---

47) 후쿠야마 지음, 毛俊杰 역, 『政治秩序的起源』, 广西师范大学出版社, 2014년. 후쿠야마 지음, 毛俊杰 역, 『政治秩序与政治衰败』, 广西师范大学出版社, 2015년.

48) 샤를마뉴(Charlemagne) eowp : 페팽 3세의 아들인 샤를마뉴는 768년 페팽 3세가 사망하자 동생 카를로 만 1세와 함께 프랑크 왕국을 분할·상속했다. 하지만 771년 카를로만 1세의 사망으로 왕국을 모두 장악 했고 이후 8세기 말까지 영토 확장과 반란 진압에 몰두했다. 강력한 카리스마를 지닌 그는 영토를 두 배로 확장시킴으로써 실질적인 제국을 이루었다

49) H.L.Lee, "The endangered Asian century," Foreign Affairs, 2020, 99(4): 52-64.

(Pax Romana)' 에서 비롯되었다.

　진 · 한과 로마는 농업사회 위에 세워진 초대형 정치체로서 토지합병과 소농 파산의 관계, 중앙과 지방의 관계, 정권과 군벌의 관계, 상층과 기층의 관계, 토착문화와 외래종교의 관계를 다루어야 했다. 그러나 결과는 판이했다. 로마 이후로는 더 이상 로마가 없었고, 기독교를 기반으로 한 유럽 봉건 열국은 있었지만, 진 · 한 이후로는 수 · 당(隋唐)이라는 통일 왕조가 계속되었다.

　비슷한 기초와 비슷한 도전, 서로 다른 루트와 서로 다른 결과가 바로 본 편에서 다루고자 하는 주제이다.

제 1 장 양대 문명

제1절 진·한의 기층 관리

2002년 중국 후난(湖南)성 서부에 위치한 리예(里耶)진에서 고고학
자들이 진나라 때의 작은 도시인 리예고성(里耶古城)을 발견했다. 고
성의 폐 우물에서 '리예진간(里耶秦简)'이라고 불리는 진나라 때의
행정문서 죽간 수만 점이 출토되었다. 이것들은 2천여 년 전 진나라
의 기층 관리 방식을 생생하게 보여주고 있다.

리예고성은 진나라가 초(楚)나라를 정복한 뒤 설립한 천능현
(迁陵县)이다. 발굴해낸 현성은 아주 작았는데 겨우 대학교운동장 정
도의 크기였고, 인구는 3,000~4,000명에 불과했다. 그러나 진나라 조
정은 이곳에 한 개 현(县)에 세 개의 향(乡)이 딸린 완전한 관료기관을
설치했는데, 등록된 관리만 103명이나 되었다.[50] 이런 관리들은 백성
들을 이끌고 황무지를 개간했는데 산이 높고 계곡이 깊으며 토지가

---

50) 湖南省文物考古研究所 等,「湖南龙山里耶战国——秦代古代一号井发掘简报」,『文物』, 2003년, 1기, 4-35쪽.
湖南省文物考古研究所 等,「湘西里耶秦代简牍选释」,『中国历史文物』, 2003년, 1기, 8-25쪽. 湖南省文物考
古研究所,『里耶发掘报告』, 岳麓书社, 2007년, 179-217쪽.

부족해 납세규모가 전국 평균을 크게 밑돌았다. 경제적인 측면에서 보면 이렇게 작은 지역에 이만한 규모의 관리를 두는 것은 가치가 없는 일이었다.

하지만 진나라가 중요시한 것은 세수(税收)가 아니었다. 발굴한 죽간에는 이곳의 '헛개나무(枳枸, 호깨나무)'라는 식물의 성질과 생김새, 분포에서 생산량까지 자세하게 기록되어 있었다. 이는 진나라 관리가 전국의 산물을 조사한다는 사명감을 갖고 열심히 일했다는 것을 보여준다. 그들은 토지를 개발하고, 호적을 기록하며, 지도를 만들어 상급 기관인 '군(郡)'에 보고했다. '군'은 각 현의 지도를 모아 '여지도(輿地图)'를 만들어 상급에 보내고 이것이 조정까지 올라가 보관되었다. 진나라 관리들은 생산을 촉진시키는 것 외에도 복잡하고 번거로운 민정과 사법사무까지 처리했다. 진나라 법은 법조문과 판례는 물론 상소제도까지 거의 완벽한 체계를 갖추고 있었다. 하급관리들은 반드시 법에 따라 엄격하게 일을 처리해야 했다. 이를테면 작성한 문서를 여러 부 복사해서 관련된 여러 부처로 보내 보관하도록 했다. 가벼운 일에 무거운 판결을 내리고, 무거운 일에 가벼운 판결을 내리는 등 옳지 않은 '불직(不直)죄'를 범하거나 법조문이 서로 저촉되면 상급단계로 올려 보내 중재를 받도록 했다. 2천 년 전에 이렇게 세밀하게 기층 행정을 처리한 것은 세계적으로도 매우 이례적인 일이었다.

현과 향의 관리들은 경상적으로 보직을 변경했다. '리예진간'의 사상자 명부에는 임기 중 과로사나 병사한 하급 관리들이 기록돼 있다.[51] 이후 정원 103명 중 장기 결원이 49명이나 되었다. 진나라는 이렇듯 하급관리의 목숨을 대가로 한 '학정'으로 14년 만에 "수레는 같

---

51) 『里耶秦简·吏物故名籍』, 简 8-809; 简 8-1610; 简 8-938+8-1144

은 바퀴를 쓰고, 글자는 같은 문자를 쓰는 것"을 실현했으며, 산천을
정비하고 도로망을 구축하는 등 대규모 건설 공정을 완료했다. 후세
의 수십 세대에 혜택이 돌아갈 이런 어마어마한 인프라 비용은 이 세
대의 사람들이 고스란히 떠안았다. 백성들의 참혹한 희생과 심적 고
통은 천하통일의 성취로도 위로가 안 되는 것이었다. 역사적 평가는
종래로 이치만 따지는 것이 아니라 감정도 깃들어있는 법이다. 결국
진나라가 멸망할 때 아무도 가슴아파하지 않았다.

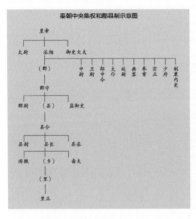

진나라 중앙집권과 군현제 설명도

황제(皇帝)
태위(太尉) 승상(丞相) 어사대부(御史大夫)
중위(中尉) 위위(卫尉) 낭중령(郎中令) 태부(太仆)
연위(延尉) 전객(典客) 봉상(奉常) 종정(宗正) 소부(少府)
치속내사(治粟内史)

군(郡)
군수(郡守)
군위(郡尉) 현(县) 감어사(监御史)
현령(县令)
현위(县尉) 현장(县长) 현승(县丞)
유요(游徼) 향(乡) 색부(啬夫)
리(里)
리정(里正)

　귀족 출신인 항우(项羽)는 진나라를 멸망시키고 분봉제로 돌아가기
를 바랐다. 작은 영토에 안거하고 만족하는 봉건 왕후가 되려고 한 것
이다. 반면 그와 천하를 다투었던 유방(刘邦)은 과거로 돌아가기를
거부했다. 그는 항우를 물리치고 진나라의 제도인 '대통일(大一统)'
을 답습했다. 유방과 그의 부하들은 대부분 하급관리 출신이었다. 유
방은 패현(沛县)의 정장(亭长) 출신이었고, 소하(萧何)는 주리(主吏)

〈설명〉

1. "수레는 같은 바퀴를 쓰도록 한 것(车同轨)"은 진나라 통일의 중요한 전략적 조치였다. 그림은 진시황의 청동 거마이다.
2. 문자 통일표
3. 리예고성 유적에서 출토된 『명칭변경조서(更名诏书)』의 목독(木牍)은 진나라가 통일한 후 진나라의 제도와 명물 호칭에 따라 모두 통일되었다고 간략하게 기록되어 있으며, 규정이 매우 상세하다.

71

출신이었으며, 조참(曹参)은 옥졸 출신이었다. 그들은 제국의 기층과
중앙을 연결하는 방법과 군현제의 운영방법, 서민의 바람과 대통일의
비밀을 알았다. 때문에 진나라의 도성인 함양을 공략한 뒤, 이들은 금
은보화를 마다하고 법령·지도·편호책(编户册)만 빼앗았다. 후에
이와 같은 자료를 바탕으로 유방은 한나라 왕조의 중앙집권을 위한
군현제의 기틀을 다질 수 있었다.

기층 정권에서 천하가 나온다. 이는 진·한이 세계 최초의 현대적
국가를 건설할 수 있었던 이유이다.

제2절   로마의 국가관리

진·한과 동시대에 로마가 지중해의 패주로 부상했다.

진·한과 로마는 유라시아 대륙의 동서 양쪽에 자리한 거의 같은
시기의 고대문명 국가이다. 인구와 지역규모도 비슷하다. 로마제국
말기에 포함된 환지중해 인구는 대략 5, 6천만 명으로[52], 진·한의 인
구(서한 말기 기준)와 맞먹는다.[53]

많은 사람들이 중국은 노란색 농업문명이고, 그리스 로마는 파란색
상업·무역문명이어서 차이가 뚜렷하다고 생각한다. 하지만 사실은
그렇지 않다. 1960년대부터 서양 역사학계의 공통된 인식은 B.C 500
년~A.D 1000년의 그리스와 로마는 모두 농업사회였고, 상업과 무역

---

52) A. H. M. Jones, The Later Roman Empire, Blackwell, Oxford, 1964, pp. 284-602.
53) 颜师古 주석, 『汉书 地理志 』, 中华书局, 1999년, 1309쪽.

은 작은 규모로만 이뤄졌다는 것이다. 영국의 저명한 역사학자 모제스 핀리는 자신의 저서 『고대 세계의 정치』에서 "토지는 가장 중요한 재부이고, 사회구조에서 가정이 첫 번째 위치를 차지했으며, 거의 모든 사람이 경제적 자족을 목표로 했다. 대부분의 재부가 토지 임대료와 세금에서 나왔고 무역의 규모는 아주 작았다. 무역을 통해 돈을 번 상인이라 해도 그 돈을 다시 토지에 투자했다. 진정한 도시인구는 종래로 5%를 초과한 적이 없으며, 도시는 소비의 중심지였지 생산의 중심지가 아니었다."라고 지적했다.54) 이는 진·한과 매우 비슷하다.

〈설명〉 : 펠로폰네소스 반도 남동쪽 에피다우로스 극장

그리스는 철학자를 낳았고, 로마는 농민과 전사를 낳았다. 지중해를 공격한 로마병사들은 퇴역 후 올리브와 포도를 심을 토지를 가질 수 있길 바랐다. 진·한의 병사들처럼 '갑옷을 벗고 밭으로 돌아가

54) 7373모제스 핀리 지음, 晏绍祥 黃洋 역, 『古代世界的政治』, 商务印书馆 , 2016년 Ⅶ쪽.

길' 바란 것이다.

로마 백성들은 상업을 멸시했다. 무역과 금융은 피정복 민족이나 하는 것이라고 생각했다. 로마공화국의 황금시대에 상인은 원로원에 들어갈 수 없었다. 귀족은 출정해 얻은 재물로 모두 토지를 매입해 대장원을 만들었다. 농업은 생계가 아니라 전원생활의 노래였다. 진·한은 더 나아가 농업이 근본이고 상업은 하찮은 일이라고 생각했다. 상인이 관리가 되는 경우는 거의 없었고 문인들은 아무리 큰 관리가되어도 여전히 '경독전가(耕读传家)'를 추구했다.

로마인은 치밀한 종교와 과학을 할 수 없었고, 공사·전쟁·국가 관리에 능했다. 그리스는 신전·경기장·극장을 남겼고, 로마는 개선문·콜로세움·목욕탕을 남겼다. 진·한도 마찬가지로 현실에 주목해 국가를 경영했다. 장성(长城)을 건설하고 화약을 발명했지만 논리학과 과학에는 특출하지 못했다.

그리스를 서양문명의 정신적 유전자라고 한다면, 로마는 서양문명에 정치 유전자를 주입했다. 로마는 그리스의 폴리스 정치를 뛰어넘어, 입헌 관료체계와 사법체계를 구축했고, 초기 서양 시민사회를 만들었다. 공화제든 군주제든 로마는 서양 정치체제의 관념·제도·법률상의 정치적 원류였다. 영국 혁명시대의 '오세아나(Oceana)' 청사진에는 로마공화국의 그림자가 보이고, 프랑스대혁명 시기 로베스피에르에게는 로마공화국 영웅의 그림자가 있으며, 미국상원과 대통령제에는 원로원과 수석 집정관의 그림자가 있다. 20세기까지 미국 우익학계는 건국 원칙으로 로마식 공화국을 따를 것인가, 계몽운동의 민주와 자연 권리를 따를 것인가를 놓고 논쟁했었다. 이처럼 서양 정치문명에서 로마라는 그림자는 사라진 적이 없었다.

〈설명〉: 마름모꼴에 사자와 봉황
을 그린 것은 페르시아에서 전래한
문양이다. 그림은 막고굴(莫高窟)
제427굴에 있는 해당 문양이다.

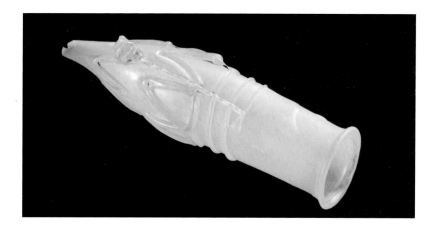

〈설명〉: 청동기 시대나 B.C 2000년부터 에게해 지역에 뿔잔 형의 술 도구가 등장했다. 고대 페르시아의 파르
티아 시대에는 포도주를 마시는 데 널리 사용되었다. 중원에 전래된 후에는 '굉(觥)'이라고 불렸는데, 굉으로 술
을 마실 때에는 바닥에 내려놓을 수 없기에 한 번에 다 마셔야 했다. 따라서 벌주를 마시는 도구가 되었다. 늦어
도 동한에서는 이 방법이 유행하였다. 사진은 허톈(和田)박물관에 소장된 유리 뿔잔이다.

제 2 장 　 로마 공화국

제1절 　 토지와 내전

　　B.C 206년, 중국에서 초나라와 한나라가 전쟁을 벌일 때 로마는 카르타고의 명장 한니발과 제2차 포에니전쟁을 치르고 있었다. 50여 년의 노력 끝에 로마는 마침내 카르타고를 멸망시켰고, 마케도니아를 와해시켜 지중해의 패주가 되었다. 여기서 중요한 점은 패권쟁탈 과정에서 로마는 시종일관 공화제를 유지했다는 것이다.

　　고대 그리스 사학자 폴리비오스는 로마가 성공한 이유는 '혼합 정치제도'를 시행해 왕권제 · 귀족제 · 민주제를 융합했기 때문이라고 했다. 집정관은 왕권을 대표해 대외 군사권을 장악했고, 원로원은 귀족을 대표해 재산권을 장악했으며, 민회는 민주를 대표해 부결권을 장악했다. 세 힘이 서로 견제하며 균형을 이룬 것이다. 로마인들은 이해충돌은 자유와 강대함을 보장하는 '필요악'이며,[55] 충돌'은 결국

---

[55] 마키아벨리는 "평민과 로마 원로원 간의 불화가 공화국의 자유와 강대함을 촉진시켰다."고 주장했다. 마키아벨리 지음, 冯克利 역, 『论李维』, 上海人民出版社, 2005년, 56쪽.

76

'단결'로 이어진다고 믿었다. 로마의 초기 충돌은 확실히 온화하고 통제가 가능했다. 예를 들어 로마의 평민전사와 원로원이 투쟁하는 방식은 전쟁 전 '집단파업'을 하여 조건을 내거는 것이었고, 원로원도 일부 권리를 양보하는 타협을 했다. 전쟁 승리와 식민지 확장이 더 큰 이익을 가져올 수 있었기 때문이었다. 200년 가까이 로마 공화정 내에서 집정관 · 귀족 · 평민은 아무리 심하게 다투어도 외환에 직면했을 때 항상 단결했다.

B.C 1세기 로마인들은 갈등이 더 이상 쉽게 타협할 수 없게 되었다는 것을 알게 되었다. B.C 88년부터 B.C 31년까지 로마는 내부의 권력 균형이 깨어지면서 '내전기'에 돌입했다. 마리우스와 술라는 6년, 폼페이우스와 카이사르, 크라수스는 16년, 안토니우스와 레피두스, 옥타비아누스는 13년을 싸웠다. B.C 27년 로마는 공화정에서 제정으로 바뀌었다. 150년 동안 내전을 하지 않았던 로마인이 왜 서로 싸우게 되었을까?

바로 토지 때문이었다.

한 세기 반 동안 이어진 해외 정복에서 로마의 집권자들은 수많은 노예와 재산을 갖고 본국으로 돌아왔다. 이에 대규모 '노예 대장원 농업'이 생겨났다. '대장원(大庄园)'의 효율은 소농보다 월등히 높았고, 이는 소농의 파산으로 이어져 토지병합이 가속화되었다. 로마의 평민은 점차 빈민으로 바뀌었고 졸지에는 유랑민으로 전락했다. 유랑민의 가장 좋은 출로는 군인이 되는 것이었다. 어떤 장군이 더 많은 전리품을 가져올 수 있다면, 로마 전사들은 그 장군을 위해 싸웠다. 결국 나라를 위해 싸움에 나섰던 공민들은 장군들의 용병으로 탈바꿈했던 것이다.

〈설명〉: 러시아 화가 안드레이 카르타쇼프의 작품 '출장 전 검투사'

　로마 정치는 토지합병을 조절할 능력이 없었다. 정복한 토지를 귀족과 평민에게 공평하게 분배하고 귀족이 소유한 토지의 상한선을 정하는 법은 과거에 있었지만, 이 법은 시행된 적이 없었다.[56] 이 법을 집행하려는 사람은 그라쿠스 형제처럼 귀족이라도 죽임을 당했기 때문이다.

〈설명〉: 19세기 이탈리아 신고전주의 화가 빈센조 카무치니의 작품 '카이사르의 죽음'

　로마에서 왕권 · 귀족 · 평민 등 세 세력 중 가장 강한 것은 귀족이

---

56) 마키아벨리 지음, 冯克利 역, 『论李维』, 上海人民出版社, 2005년, 142쪽.

었다. B.C 232년부터 B.C 133년까지 100년 동안 로마 공화국의 집정관 200명은 58개의 귀족 가문에서 나왔다.[57] 이처럼 '왕을 배출' 할 수 있는 세습귀족을 중국에서는 '문벌' 이라고 한다. 선거제도는 문벌을 약화시키기는커녕 오히려 강화시켰다. 선거는 사람들을 동원해 투표를 해야 하는데, 귀족들은 많은 인구를 비호하고 있었기 때문이다. 게다가 표를 살 수 있는 충분한 자금을 갖고 있어 집정관이 될 기회가 가장 많았다.

마키아벨리는 "로마귀족은 평민에게 명예는 양보할 수 있어도 재산은 한 푼도 양보할 수 없었다."고 말했다.[58] 내부에서 땅을 분배하는 것은 하늘도 땅도 두려워하지 않는 로마인들이 가장 두려워하는 일이었다. 어차피 전쟁을 할 바에야 차라리 대외적으로 식민지를 확보하는 것이 더 나았다. 사학자 핀리는 "가능하면 로마인들은 토지를 재분배하기보다는 식민지를 선호했다. 식민은 내전 퇴치를 위한 최고의 안전판이자 정치적 평온과 안정의 관건이었다."라고 말했다.[59] 그래서 로마 유랑민들은 결국 군벌에 의탁했다. 군벌만이 대외 전쟁에서 토지를 얻을 수 있었고, 군벌만이 원로원을 압박해 병사들에게 토지를 분배하도록 할 수 있었기 때문이다.

정객이 공감대를 얻을 수 없었던 지역에서는 어김없이 군벌이 등장했다.

57) 핀리 지음, 晏绍祥·黄洋 역, 『古代世界的政治』, 商务印书馆 , 2016년, 83쪽.
58) 마키아벨리 지음, 冯克利 역, 『论李维』, 上海人民出版社, 2005년, 143쪽.
59) 핀리 지음, 晏绍祥·黄洋 역, 『古代世界的政治』, 商务印书馆 , 2016년, 140쪽.

제2절 자유의 이름으로

제1차 삼두정치' (폼페이우스와 카이사르, 크라수스)와 '제2차 삼두정치' (안토니우스와 레피두스, 옥타비아누스) 기간에 철학자이자 웅변가 한 명이 나타났다. 바로 '로마 공화정의 아버지'이며 볼테르와 몽테스키외의 정신적 우상인 키케로다.

그런데 키케로는 귀족이 아니라 '기사'였다. '기사'는 그리스와 로마의 "재산이 있는 자가 기병을 낸다."는 관습에서 나왔다. 기사는 예로부터 있었지만, 부자로서의 기사는 로마의 소농 파산의 수혜자였다. 그들은 비록 돈은 있었지만 귀족과 같은 정치자격은 거의 없었다.

키케로는 예외였다. 그는 웅변의 천재였는데 그리스의 웅변 거장을 따라서 웅변을 배웠다. 스승은 그를 모두 가르치고 나서, 그리스의 유일하게 남았던 영광마저 이제 로마의 차지가 되었다고 낙담했다고 한다. 학문을 마치고 웅변술로 변호사가 된 키케로는 20년간 인맥을 쌓은 끝에 B.C 63년, 법률가로서 선거에 승리해 로마의 첫 비(非) 귀족 출신 집정관이 되었으며, '로마의 국부'로까지 불렸다.

키케로는 로마 정계에 일대 파란을 일으켰다. '제1차 삼두정치'와 '제2차 삼두정치'의 주인공들의 운명은 모두 그와 관련이 있었다. 그 때문에 산 사람도 있었고, 그 때문에 역사에 이름을 남긴 사람도 있었다.

카이사르는 키케로에 의해 죽임을 당했다.

카이사르를 죽인 브루투스는 카이사르의 '양자'였지만 또 키케로를 '정신적 아버지'로 모셨다. 카이사르가 살해되기 몇 개월 전부터 키케로는 브루투스에게 끊임없이 '폭군을 암살한 자가 진정한 영웅이며, 혈연관계가 더 가까울수록 더 영웅' 이라는 사상을 주입했다. 이는 중국의 '대의멸친(大义灭亲)' 에 해당하는 것이었다. 결국 브루투스는 카이사르에게 칼을 휘두르며 '키케로' 의 이름을 외쳤다. 당시 모두가 원로원에 모여 있었지만 키케로만 자리에 없었다.

카이사르 사후 키케로는 그의 후계자인 안토니우스 대응에 나섰다. 많은 로마 사학자들은 이 내전을 일으킬 필요가 전혀 없었다고 생각했다. 안토니우스는 카이사르처럼 독재하려는 생각이 전혀 없었고, 원로원과 함께 로마를 다스리려고 했기 때문이다. 안토니우스는 분노한 군대의 '카이사르를 위한 복수' 요청을 억눌렀을 뿐만 아니라 공화파 암살자의 책임도 묻지 않겠다고 선언했다. 이

〈설명〉 : '대영박물관 소장품전' 에 전시된 로마제국 초대 황제 아우구스투스의 대리석상.

는 인류과 도의로 따지면 카이사르에 대한 배신이고, 국가적으로 보면 공화질서에 대한 군대의 주도적 복종이었다. 그러나 공화파의 리더로서 키케로는 이를 무시했다. 그는 한편으로는 공화파에게 동방의 행성(行省)에 가서 군대를 모집하게 하면서 한편으로는 아우구스투스의 반란을 부추겼다.

이때 겨우 19세인 아우구스투스는 정치적으로는 주변 인물에 해당했다. 그

〈설명〉 : 로마제국의 '오현제' 중의 네 번째인 안토니누스 피우스 조각상

는 카이사르의 재산 상속인이었지만 정치적 후계자는 아니었다. 그는 안토니우스를 대신하겠다는 생각을 품고 사적으로 3,000명의 노병을 모집해 로마로 진군했다. 안토니우스의 합법정권에서 아우구스투스의 사군(私軍)은 반역자에 해당했다. 그의 유일한 희망은 키케로가 원로원을 부추겨 '반란'을 합법화하는 것이었다. 키케로는 흔쾌히 동의했다. 키케로는 원로원에서 「필리피카(Philippic)」라는 유명한 연설을 발표해 안토니우스를 '내전 획책자'로 몰아붙이고, 아우구스투스의 반역행위를 '공화국 보위'라고 옹호했다.

결국 아우구스투스가 이끄는 소부대는 원로원의 대군과 협력해 안토니우스를 격파했다. 하지만 영웅의 기세는 감출 수 없었다. 원로원은 자신들의 수만 대군이 아우구스투스를 따르기를 원한다는 사실에 질겁했다. 공포에 질린 원로원은 즉각 아우구스투스의 병권을 해제했다. 원래대로라면 아우구스투스의 정치인생은 여기서 끝났어야 했다.

고립무원의 처지에 빠진 아우구스투스는 키케로를 '아버지'라 부르며 파트너가 되어 로마 집정관 출마를 함께 해줄 것을 간청했다. 그는 당선된 후 키케로의 말에 무조건 복종하겠다고 맹세했다. 63세의 키케로는 젖비린내 나는 아우구스투스를 한참 동안 훑어보다가 결국은 또다시 동의해주었다. 아우구스투스로서는 다시 태어나게 한 은인이나 다름없는 일이었다. 원래대로라면 40세 이상을 요구하는 집정관의 나이 제한 때문에 최소 21년을 기다려야 했기 때문이다.

거센 반발 속에 키케로는 독보적인 경력의 인맥으로 원로원을 설득하고 표를 모았다. 그는 "'리틀 카이사르'[60]는 오늘처럼 영원히 '시

---

[60] 아우구스투스는 카이사르의 양자로 양아버지의 성을 이어받았고 양아버지와 이름이 같아 '리틀 카이사르'라고도 불렸다.

민'의 본색을 유지할 것이라고 맹세한다."고 인격적 담보를 걸었다.

나중의 일은 모두가 알고 있을 것이다.

아우구스투스는 집정관에 당선되자마자 키케로에게서 등을 돌리고 안토니우스와 평화협상을 진행했다. 키케로를 눈에 가시처럼 여기던 안토니우스가 제시한 협상조건은 키케로의 목숨이었다. 아우구스투스는 일말의 망설임도 없이 동의했다.

그리스의 작가 플루타르코스는 키케로의 마지막 순간을 이렇게 기록했다. "키케로는 미친 듯이 도망가면서 마차 창문으로 머리를 내밀며 추격병을 계속 살폈다. 안토니우스의 병사가 칼을 내리쳐 키케로의 목을 쳤고 키케로가 늘 연설하던 강단 위에 그의 목을 걸었다."[61]

이는 로마역사에서 민심을 뒤흔든 비극이었고 공화정의 막을 내리는 만가였다. 키케로 사후 11년 뒤 아우구스투스는 로마제국의 초대 황제가 되었다.

로마 정계를 오랫동안 장악해온 원로 정치가가 어떻게 19세 소년의 속임수에 넘어갈 수 있었을까? 원인은 문제를 해결하려 하지 않고 권력놀이에만 빠진 로마 원로원의 전형적인 마인드에 있었다. 안토니우스가 지나치게 강해지자 아우구스투스를 지지하여 견제와 균형을 맞춘 다음 아우구스투스를 통제하려 한 것이다. 지속적인 균형과 통제를 통해 자신들의 주도권을 영원히 유지하려고 시도했던 것이다. 하지만 이들은 중요한 것을 간과했다. 이때의 로마국민과 병사들은 이미 웅변가의 정치적 권모술수에 싫증을 내고 군벌에 공정한 희망을 걸었다는 사실이다.

키케로는 로마 국민의 근본적인 우려를 해결할 수 없었다. 예를 들

---

61) 플루타르크 지음, 席代岳 역, 『希腊罗马名人传』(下), 吉林出版集团, 2009년, 1581쪽.

어 로마의 빈부격차 문제, 병사들이 평생 피땀을 바쳐도 토지를 분배받지 못하는 문제, 부패한 지방 총독과 징세 청부인(包稅商)이 결탁하여 돈을 사취해도 감독을 받지 않는 문제, 로마 시내에 수백 년 동안 시정을 관리하는 경찰이 없는 문제…… 등 많은 문제들이 산적했지만, 원로원은 수백 년 동안 이런 문제의 해결책을 전혀 생각해 본 적이 없었다. 키케로의 현존 저서들은 공화국의 원칙 · 법률 · 정의에 관한 이야기들로 가득 차 있지만, 이러한 현실적인 문제들에 대한 해결책은 하나도 없었다. 이런 문제를 해결하려고 시도한 것은 아우구스투스였다. 그는 군사재정을 신설해 모든 퇴역병사들에게 토지와 현금을 통일적으로 지불했으며, 로마에서는 처음으로 경찰제도와 시정관(市政官)을 창설했다. 또 처음으로 황제 직속의 지방 재무관을 파견했다.

　카이사르 역시 국토 정리를 위한 웅대한 계획을 갖고 있었다. 그는 로마 근처의 폰티노 습지를 개간하여 수만 명에 달하는 빈농에게 경작지로 제공할 계획이었다. 또한 코린토스 운하를 건설해 아시아 상업과 이탈리아 경제를 통합하려고 했다. 이는 로마가 동방의 여러 행성들을 통제하는 데 아주 중요했다. 그렇게 되었더라면 훗날 동서 로마의 분열을 늦출 수 있었을 것이다. 그러나 로마 '공화정의 아버지'인 키케로는 이 사업을 '자유' 수호에 비해 매우 하찮은 것이라고 비판했다. 독재자의 '보여주기식' 행정의 상징이고 "공민의 피와 땀을 뽑고, 기꺼이 노예가 되게 하는 것"이라고 했다.[62] 이는 훗날 서양학자들이 고대 중국을 비판하는 길속(익숙해져 길난 일의 속내 - 역자 주)이기도 했다. 거대한 공사는 전제주의를 잉태하는 온상이라는 것이다.

---

62) 엘리자베스 로슨 지음, 王乃新 등 역, 『希腊罗传』, 商务印书馆, 2015, 262쪽

그러나 중국은 경항대운하(京杭大运河)를 뚫어 남북을 관통함으로써 창장(长江) 이남이 독립된 지역이 되는 것을 막았고, 400mm 등우량 선(等雨量線 : 일기도에서 우량의 분포를 표시하기 위하여 강우량이 같은 지점을 연결하여 이은 선 - 역자 주) 위에 세워진 만리장성 덕에 북방의 관개농업 이 수혜를 입어 더 많은 가난한 사람들을 먹여 살렸다.

〈설명〉: 장쑤(江苏) 화이안(淮安)의 수상 인터체인지 허브 : 화이허(淮河) 입해수로(入海水道)와 경항대운하(京杭大运河)의 독자적 흐름을 가능케 했다.

웅변가들은 '자유' 를 남용했지만 군벌도 '자유' 를 남용했다. 군대 지도자들은 '자유' 는 어떠한 정치적 제약도 받지 않는다고 생각했다. 어떤 파벌이 원로원을 장악하면 반대파는 곧바로 '자유를 핍박한다' 고 선언하면서 당당하게 군대를 동원해 반란을 일으켰다. 폼페이우스 는 마리우스파가 폭정이라고 선언하고 사병을 모집했다. 카이사르는 폼페이우스당이 자유를 억압한다고 하면서 갈리아 군대를 이끌고 루

〈설명〉: 로마 콜로세움 유적

비콘강을 건넜다. 아우구스투스는 반역에 성공하자 로마를 안토니우스의 손에서 해방시켰다고 하면서, 화폐를 주조하고 자신을 '로마 공민 자유의 수호자'라고 새겨넣었다.

　로날드 시메[63]는 로마 역사에서 '공화 재건'이나 '자유 회복' 같은 구호는 어떠한 폭력 음모에도 합법성과 신성성을 부여할 수 있었다고 했다.[64] 누구나 자신의 이익에 따라 '자유'와 '합법'이 무엇인지 결정하고 가장 유리한 이유를 선택해 싸울 수 있었다. 결국 자유는 서로 다른 이익집단이 내분을 일으키는 핑계가 되었다.

　막대한 부를 보유한 로마는 왜 일부를 나눠 빈부 격차를 줄여서 국

---

63) 로널드 심 경(Sir Ronald Syme, OM, FBA, 1903 ~ 1989) : 뉴질랜드 태생의 역사학자이자 고전주의자이다. 그는 테오도르 몸센 이후 고대 로마의 가장 위대한 역사학자이자 에드워드 기번 이후 로마제국 역사의 가장 뛰어난 주창자로 여겨졌다. 그의 위대한 작품은 율리우스 카이사르 암살 이후 로마의 정치생활에 대한 훌륭하고 논쟁적인 분석인 로마혁명이었다.

64) 로널드 시메 지음, 呂厚量 역, 『罗马革命』, 商务印书馆, 2016년, 212쪽.

가 분열을 막지 않았을까? 역사서는 그 이유로 로마귀족의 사치스러운 생활을 들었다. 하지만 이게 전부가 아니었다. 평민은 파산했지만 여전히 선거권을 갖고 있었다. 로마 집정관은 1년에 1번 선발하는데 귀족들은 평민의 표를 얻기 위해 앞 다투어 대규모 행사, 검투대회와 연회를 열었다.

귀족들이 아무리 돈이 많다고 해도 경선비용을 대기에는 부족했기 때문에 파산하는 귀족이 많았다. 카이사르도 한때 많은 빚을 졌었다. 이때 각 행성의 징세청부인 · 무역업자 · 사채업자 등 재벌들이 나섰다. 이들은 직접 전면에 나서지는 못했지만, 전면에 나서는 대리인들에게 투자할 수 있었다.

키케로는 줄곧 "귀족과 재벌이 천하를 같이 다스린다."고 주장해왔다. 그의 문집에는 재벌들의 법정 변호를 위한 문구가 곳곳에 적혀있다. 재벌들은 흔히 양쪽에 모두 배팅했다. 원로에게만 투자한 것이 아니라 군벌들에게도 투자했던 것이다. 군벌들 사이의 밀약은 어느 하나 재벌들이 알선하지 않은 것이 없을 정도였다. 군벌들이 정국을 장악한 후에는 자연히 자신을 후원한 재벌들을 원로원에 입성시켜 '신귀족'이 되게 했다. 로마 원로원의 상한선은 원래 600명에 불과했는데, 카이사르는 900명으로 늘렸다. 제2차 삼두정치 기간에는 1,000여 명으로 늘어났다.[65]

재벌의 돈이 로마군대로 끊임없이 흘러갔는데, 이는 불난 집에 부채질하는 격이 되어 당쟁을 내전으로 비화시켰다. 군벌들은 군사비를 지불하기 위해 행성에서 직접 세금을 가로채기 시작했다. 폼페이우스와 공화파는 아시아를 수탈했고, 카이사르는 갈리아와 스페인을 수탈

---

65) 위의 책, 257쪽.

했다. 제2차 삼두정치 기간에는 43개 군단의 급료를 지불하기 위해 이탈리아 본토를 다시 한 번 수탈했는데 화장실에까지 세금을 부과했다.

50년 동안 내전이 4차례 발생하면서, 전체 지중해 지역을 무정부상태로 만들어버렸다.[66] 내전이 소비하는 부는 빈부격차를 메우는 데 필요한 액수보다 훨씬 많았다. 혼란과 절망 속에서 로마인들은 아우구스투스를 선택했다.[67] 500년 전에 로마는 왕정에 대한 증오로 공화국을 만들었지만, 500년 뒤 로마시민들은 차근차근 독재에 투표했다. B.C 49년 시민들은 카이사르에 투표하여 '독재 집정관'이 되게 했다.[68] B.C 43년 시민들은 제2차 삼두정치를 탄생시켰다. B.C 27년 시민들은 아우구스투스에게 투표하여 공화정을 제정으로 바꿔버렸다.

이는 그들이 자유를 사랑하지 않아서가 아니라, 자유가 그들에게 평등과 부, 안전을 주지 않았고, 자유에 관한 공론이 자신들의 근본적인 관심사를 해결해주지 못했기 때문이었다. 공화정치는 폭력을 사용하지 않고 합의를 이루려고만 했는데, 이는 로마 초기 '중등 충돌(中等冲突)' 때에만 통했다. 그러나 빈부격차가 통제할 수 없을 정도로 확대되면서 '중등 충돌'은 사생결단의 대분열로 이어졌다. 어쨌든 공화정치가 의견의 일치를 이루려면 표결을 통해서만이 아니라, 정치가들의 구조적인 개혁을 통한 자기희생 정신이 더 필요했다.

자유 수호는 언제나 '자유' 자체만이 아니었던 것이다.

---

66) 로날드 시메 지음, 呂厚量 역, 『罗马革命』, 商务印书馆, 2016년, 19쪽.
67) 타키투스 지음, 王以铸·崔妙因 역, 『编年史』, 商务印书馆, 1981년, 3쪽.
68) 테오도어 몸젠 지음, 李稼年 역, 『罗马史』(第四卷), 商务印书馆, 2017년, 447쪽.

제 3 장   서한 왕조

제1절   대일통: 일체와 다원

중국의 서한(西汉) 왕조는 로마공화국과 동시대에 존재했다.

서한 초기에는 진나라의 제도를 계승하기도 하고 수정하기도 했다. 현(县)과 향(乡)에 직접 이르는 기층 관리 제도를 계승하되 부족과 향신(乡绅)들에게 일정한 자치공간을 남겨두었으며, 진나라 법의 대부분 조항을 그대로 사용하되 잔인한 육형(肉刑)은 취소했다. 또한 중앙집권의 틀을 계승하되 '무위이치(无为而治)'를 추진하여 민간의 부담을 줄이고 원기를 회복하게 했다.

'문경의 치(文景之治)'[69]라는 짧은 40년 동안 한나라는 황제를 위해 같은 색 말 네 마리도 준비하지 못하던 상태에서 식량을 다 먹지 못할 정도로 풍요로워졌다. 한나라는 어떻게 갑자기 부국이 되었을까? 유가 경사(经师)들은 "검약으로 천하를 다스렸다.(以俭治天下)"

---

69) 문경의 치(文景之治): 중국 한(漢) 나라 문제(文帝)와 경제(景帝) 시절 선정을 베풀어 백성의 민심을 크게 안정시켰던 치세.

고 해석했다. 얼핏 들으면 황제가 돈을 아끼면 민간이 부유해진다는 것으로 오해하기 쉽다. 이에 대해서는 사마천(司马迁)의 분석이 가장 예리했다. 그는 봉건할거가 없어진 광활한 땅에서 통일된 문자, 통일된 화폐, 통일된 법률, 통일된 도량형을 이용하여 거대한 시장을 창출하고 상업적으로 여러 경제지역을 연결한 것이 주효했다고 분석했다. 분업으로 생산된 거래가치 덕분에 사회의 부가 전체적으로 늘어났고, 동시에 농업 생산성이 비약적으로 향상된 것이다. 이와 같은 통일의 토대를 만든 것은 진나라였다. 다만 진나라는 그것을 정치에 사용했고, 한나라는 그것을 경제에 사용했을 뿐이었다.

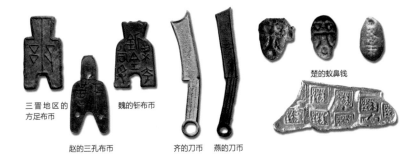

〈설명〉 : 삼진(三晋)지역의 방족포폐(方足布币), 조(赵)나라의 삼공포폐(三孔布币), 위(魏)나라의 근포(圻布币), 제(齐)나라의 도폐(刀币), 연(燕)나라의 도폐(刀币), 초(楚)나라의 의비전(蚁鼻钱) 통일 전 각 나라에서 사용하던 부분적 화폐들

한나라의 체제는 한무제(汉武帝) 유철(刘彻)에 의해 공고해졌다. 한무제는 두 가지 중요한 업적을 남겼다. 첫째, 지방의 제후 세력을 약화시켜 중앙권력이 군과 현까지 미치도록 했고, 이를 기반으로 '대일통(大一統)'이라는 유가 정치를 공고하게 했다. 둘째, 제국의 강역(疆域)을 기본적으로 확정했다.

〈설명〉: 진나라가 통일한 후 전국적으로 통행했던 '반냥'짜리 동전과 제조에 사용했던 거푸집.

유교정치의 주요 근간은 『논어』가 아니라 『춘추』다. 『춘추』는 공자가 노나라 사서에 따라 수정한 것인데, 제후들을 풍자하고 왕도를 추앙하고 있다. 후세에 전해진 여러 가지 버전 가운데 동중서가 추앙한 『춘추공양전』의 영향력이 가장 크다.

춘추공양학(春秋公羊学)의 핵심은 '대일통'이다. 철학적으로는 천인감응(天人感応)[70], 정치적으로는 중앙집권, 제도적으로는 문관치국(文官治国), 윤리적으로는 삼강오상(三纲五常)이었다. 이러한 제도는 '미천한 출신'의 한나라 왕조가 군권천수(君权天授)의 합법성 문제를 해결하도록 했다. 춘추공양학은 황권을 만들었고, 동시에 황권을 구속했다. 천명을 받들고 새 운수를 계승한다는 중국의 '봉천승운(奉天承运)'은 서양의 '황권신수설'과는 다르다. 로마의 '황제 신격화'는 '민의(民意)'와 무관하다. 반면 고대 중국에서는 하늘의 뜻인 천의(天意)는 민심을 통해 구현돼야 한다고 생각했다. 천자가 백성에게 잘하면 '하늘(天)'이 황제를 '천자'로 삼지만, 잘 못하면 황위를 다른 현능한 사람에게 넘긴다. "하늘은 그 덕성이 충분히 백성을

---

70) 천인감응 : 중국 고대의 천체와 인간의 유기적 관계를 말하는 이론으로, 음양오행설 및 모든 만물의 수량적 가치를 인정하는 상수역(象數易) 이론과 함께 동아시아 전통사회의 현실정치에 지대한 영향을 미친 이론으로, 즉 인격과 의지를 갖는 천(天)이 인간과 교감하여 인사(人事)에 무언가 영향을 미친다는 것으로, 인간은 재이(災異)나 서상(瑞祥) 등 어떤 징조를 통해 이 천의 의지를 알아냄으로써 천과 호응하며, 인간의 행위나 기원 또한 천에 감응한다는 것.

안락하게 할 수 있는 자에게는 주고, 그 악이 충분히 백성을 해칠 수 있는 자에게서는 빼앗는다."[71] 동중서(董仲舒)는 황권의 하늘에 대한 경외심을 확보하기 위해 '재이(灾异)설'을 덧붙였다. 무릇 천재(天灾)가 있으면 황제는 스스로 반성하여 자신이 잘못한 것이 없는지를 살펴야 한다는 것이다. 이렇게 천자·천명·민심 등 3자간에 제어 체계를 형성했다. 천자는 천하를 관리하고, 천명은 천자를 관리하며, 민심은 곧 천명이다. 춘추공양학은 또 '권력'의 궁극적 원천은 '책임'이라는 점을 강조했다. 권력이 있는 만큼 책임을 다해야지 책임을 다하지 않으면 권력의 합법성을 잃게 된다. 부모가 책임을 다하지 않으면 자녀가 관계를 끊어도 불효가 아니고, 군주가 책임을 다하지 않으면 민중이 왕조를 바꾸어도 불충이 아닌 것이다.[72]

대통합 사상은 정치 도덕뿐만 아니라 사회도덕과 개인도덕도 포함한다. 이를테면 "정의는 바르게 하고 그 이익은 도모하지 않으며, 그 도를 분명히 알고 그 공을 바라지 않는다.(正其谊不谋其利，明其道不计其功)"는 인도(仁道)[73], "자신에게는 엄하게 대하고, 남에게는 관대하게 대한다.(反躬自厚、薄责于外)"는 서도(恕道)[74], "집에 와서는 부모형제와 친하게 지내고, 밖에서는 동료들과 우애롭게 지내며, 노인을 공경하고 아이들에게 베풀어야 한다.(父子兄弟之亲，君臣上下之谊，耆老长幼之施)"는 친친존존(亲亲尊尊)의 도[75] 등이다. 하지만 어떤 사상체계도 지나쳐서는 안 된다. '재이설'이 지나쳐서 동한(东汉)

71) 凌曙 주석, 『春秋繁露·尧舜不擅移汤武不专杀』, 中华书局, 1975년, 273쪽.
72) 凌曙 주석, 『春秋繁露·精灵』, 中华书局, 1975년, 98쪽.
73) 颜师古 주석, 『汉书董仲舒传』, 中华书局, 1999년, 1918쪽.
74) 凌曙 주석, 『春秋繁露·仁义法』, 中华书局, 1975년, 313쪽.
75) 颜师古 주석, 『汉书董仲舒传』, 中华书局, 1999년, 1913쪽.

〈설명〉: 한무제의 이름은 유철(刘彻)이다. 그는 중국 봉건사회 역사상 집권시간이 가장 길고, 가장 많은 업적을 이뤘으며, 가장 많은 역사문화유산을 남긴 정치인 중 한 명이다. 그는 집권 당시 유명한 '실크로드'를 개척하여 나라를 강성시대로 이끌었고, 진정으로 다민족 통일 강대국을 건설하였다. 사진은 한무제의 묘인 무릉(茂陵)이다.

의 참위미신(谶纬迷信)이 되었고, 삼강오상이 지나쳐서 사회의 활력을 속박하는 교조가 되었으며, 친친존존이 지나쳐서 법의식이 없어졌다. 그러나 "돌을 더듬어가며 강을 건너던" 진·한 시대, 초대형 정치체를 건설하는 과정은 건설하면서 비판하고 창조하면서 보완할 수밖에 없었다.

한무제 유철은 동중서의 계책을 받아들여야 했다.

첫째는 효심이 있고 청렴한 사람을 천거하는 것이었다. 그 전에는 주로 세가(世家)의 자제가 벼슬을 했고, 상인 집에서는 어쩌다가 한번씩 '자선'(赀选, 돈을 주고 벼슬을 하는 것)을 할 수 있었다. 이는 로마가 시작하던 때와 비슷했다. 그러나 한무제 때부터는 "시대의 흐름을 잘 알고" 효도를 다하는 미천한 집안의 청렴한 유생을 선발했다.[76] 추천의 책임은 지방관에게 있었는데 추천하지 않으면 '불경죄'로 다스렸다. 이는 쉬운 일이 아니었다. 조서가 변방에 전달되는 데만 40일이 걸렸다. 그렇게 기층의 미천한 집안 유생을 선발해서 역참시스템에 의지해 경

---

76) 颜师古 주석, 『汉书』, 中华书局, 1999년, 117쪽

성으로 가서 '문책'을 받기까지 7개월이나 걸렸다. 하지만 이 고생은 값어치가 있는 것이었다. 한무제 때에 『춘추』 한 권을 통달하여 조정의 대신으로 된 평민 출신 유생이 적지 않았다. 이후 유가의 윤리에 대한 공부가 입신양명의 필수 코스가 되었다.

문관 정치의 찰거제(察擧制)도 이로써 시작되었다. 한무제는 천하의 통치는 권문세가에만 의존해서는 안 되고, 권력을 기층의 시대 흐름을 잘 알고 도덕적이며 지식이 많고 책임감이 강한 사람에게 나눠줘야 '민심'이 모이고 집정기반이 확대될 수 있다는 것을 알았다. 진나라의 기층에는 법리(法吏)만 있었는데 엄한 형벌만 사용했지 인심을 교화시킬 줄은 몰랐다. 한무제는 유생과 기층관리를 병행해 '통치와 교화'를 하나로 통합했다. 이로써 지방관리는 행정책임은 물론 학교를 만들어 풍기를 다스리는 일도 책임졌다. 그러나 찰거제도 유생과 천거인이 유착하는 등의 폐해가 많았다. 동한에 이르러서는 '사세삼공(四世三公)'이라는 경학문벌도 생겨났다. 결국 진정한 공평은 수백 년 뒤의 수나라와 당나라의 과거제도가 탄생되어서야 이루어졌다. 그럼에도 한나라의 찰거제가 먼저 큰 걸음을 내디뎠다는 것은 부인할 수 없는 일이다.

한무제는 또한 '자사제도(刺史制度)'를 마련해 문관을 구속했다. 그는 중하급 관리를 자사로 임명해 비정기적으로 지방의 통치상황을 순찰하도록 했다. 하나는 지방호족의 토지병합을 감찰하는 것이었고, 다른 하나는 지방관리의 직업적 자질을 평가하는 것이었다. 이는 중앙 감찰제도의 시초가 되었다.

한무제가 "백가를 배척하고, 유가만 중시했다."는 말은 사실 오해

〈설명〉

선우황(鮮于璜)은 어려서부터 총명하고 학문을 좋아하였으며, 부모에게 효도하고 스승을 공경하며 언행이 단정하여 지방에서 효렴(孝廉)으로 추대되었다. 사진은 텐진(天津) 무청란성(武清兰城) 유적에서 출토된 예서(隶书) '한고연문태수 선우군비(汉故燕门太守鲜于君碑)' 이다.

다. 그는 동중서를 등용했을 뿐만 아니라 법가의 장탕(张汤), 상인 상
홍양(桑弘羊), 목축업주 복식(卜式), 흉노 왕자 김일제(金日磾)도 영입
했다.[77] 이들은『춘추』를 공부하긴 했지만 유생은 아니었다. 국가가
설립한 태학에는 유가경학의 학관(学官)이 있었고, 민간에서는 법(法)
·묵(墨)·형명(刑名)·음양(阴阳) 등 학설이 도처에서 꽃을 피웠다.
서한의 정치는 사상에서 실천까지 모두 다원화되어 있었다. 다원화되
었는데 왜 유가사상을 그 바탕으로 삼아야 할까? 통합 없는 다원화로
서로 견제하고 균형을 이루
면 결국 분열되기 때문이다.
'대일통' 만이 다양한 사상
을 하나의 공동체 안에 모을
수 있는 것이었다.

   문화적으로도 그렇다. 제
(齐)나라는 사라진지 오래
되었지, 제나라의 '월령(月
令)' 은 한나라의 '정치적 시
간' 이 되었고, 중국의 양대
신화시스템 중 하나인 '봉
래(蓬莱)' 도 제나라에서 나
온 것이다. 초(楚)나라는 망
한지 오래 되었지만, 굴원이

〈설명〉: 안훼이(安徽) 동즈(东至)현의 흉노의 후예가 거주하
고 있는 남계고채(南溪古寨)는 대부분 안훼이 풍격의 건물이
지만, 외형이 보루를 닮은 조옥(碉屋))은 이 마을에만 있다.

노래했던 초나라의 신(神) '태일(太一)' 은 한나라의 최고신이 되었고,

77) 颜师古 주석,『汉书』, 中华书局, 1999년, 1998-1999쪽.

복희(伏羲)·여와(女媧)·신농(神农)·전욱(顓頊)·축융(祝融)은 한인(汉人)의 공통된 조상신이 되었다. 한나라 황실은 초나라의 혈통을 갖고 있었고, 유방의 대풍가(大风歌), 유철의 추풍사(秋风辞)는 모두 초가(楚歌)였으며, 한악부(汉乐府)의 조상인 이연년(李延年)은 조(赵)나라 중산(中山) 출신이었다. 고고학자들은 북방 만리장성에서 초나라 풍격의 동기(铜器)와 칠기(漆器)를 발견했고, 창장(长江) 이남에서는 흉노 초원풍격의 동물모양인 패물을 발견했다.[78] 또 허뻬이(河北)에서 광시(广西)에 이르는 한나라의 동경(铜镜)에서는 촉(蜀) 지역의 양식과 명문(铭文)을 발견했다. '대일통'은 결코 지방문화의 소멸을 초래하지 않았다. 지방문화는 오히려 태생적 한계를 넘어 더 넓게 퍼져나갔다. 지속적인 개방만 유지하면 통일의 기초에서도 얼마든지 다양해질 수 있는 것이다. 한(汉)의 문화가 진(秦)의 문화보다 중국문화를 더 잘 대표하는 이유는, 다양성을 유지하고, 심지어 모순된 사상·제도·문화와 사람들을 궁극적으로 하나로 통합했기 때문이다.

다양한 사상이 하나의 공동체 안에 내재된 일체다원(一体多元)은 한(汉)의 정신이었다.

제2절 사관제 : 천하의 인심

중화문화에서는 '공권력'에서 '절대적으로 독립'된 서양식 지식인은 없다고 주장하는 사람들이 있다. 다만 이와 비슷한 유일한 인물이

---

78) 黄展岳, 「关于两广出土北方动物纹牌饰问题」, 『考古与文物』, 1996년, 2기

사마천이다. 사마천은 동중서(董仲舒)를 스승으로 삼아 유학을 공부했지만, 황로학을 더 추종했고 자유방임의 상업사회를 더 좋아했으며, 문경(文景)의 '무위이치(无为而治)'를 찬양했다. 그는 『태사공서(太史公书)』(나중에 『사기(史记)』라고 함)에서 자객·협객·상인을 왕후장상과 동등한 '열전(列传)'에 싣는 대우를 해주었다. 그는 감히 나서서 누명을 쓴 이릉(李陵)을 위해 불평을 토로했고, 궁형을 받은 후에도 여전히 한무제를 비판했다.

〈설명〉: 산시(陕西) 한청(韩城)의 사마천사(司马迁祠)는 속칭 사마묘(司马庙)로, 저명한 사학자 사마천을 기리기 위해 건립한 사묘(祠墓)이다

그러나 사마천은 고고한 삶을 산 그리스 학자들과는 달랐다. 한무제는 궁형을 내린 뒤에도 "임금의 도리를 지켜", 사마천을 중서령(中书令)으로 기용했다. 밀착 비서에 해당하는 직급이었다. 사마천 역시 "신하의 도리를 지켜", 필을 날려 자기의 의견을 발표하였다. 사마천은 한무제의 정치스타일을 싫어했지만 지방세력을 약화시키는 것은 찬성했다. 이것이 국가 동란을 해결하는 근본적인 대책이라고 생각했기 때문이다. 그는 평생 청렴했지만 부를 혐오하지는 않았다. 그

는 대부분의 상인들은 경제법칙을 파악하고 노력해서 부를 쌓은 것이라고 생각했다. 그는 가혹한 관리에게 고초를 당했지만 법가에 원한을 품지 않았고, 더 나아가 법가의 정책을 잘 시행하면 오랫동안 사회 안정을 유지할 수 있다고 생각했다.

사마천은 개인의 고통 때문에 체제를 체계적으로 비판하지 않았다. 그는 '개인의 득실'을 추구하지 않고 전체의 이익을 중요시했기 때문이다. 그는 공권력을 비판했지만 그것은 독립을 추구해서가 아니라 그것이 천하에 유해하기 때문이었다. 그는 공권력을 지지했지만 거친 위세에 굴복해서가 아니라 천하에 유익하다고 생각했기 때문이었다. 개인의 자유와 집단의 책임, 이 두 가지 대립적인 통일이 중국의 지식인과 서양의 지식인이 서로 다른 뚜렷한 특징이다.

사마천은 『사기』에서 한무제를 비판했을 뿐만 아니라 한나라의 개국 황제인 유방(刘邦)의 질투, 국정을 혼란시킨 여후(吕后)의 어지러운 정치, 공신(功臣)과 명장의 결점을 기록해 한나라의 건국이 전혀 신성하지 않다고 했다. 당시 『사기』는 모두 두 부만 베꼈었기에 파기하여 없애려면 얼마든지 가능했다. 그러나 한나라 조정은 『사기』를 국가가 소장하는 역사서로 삼아 대대로 계승했다. 주도적인 포용력과 자아비판 정신이 없으면 할 수 없는 일이었다. 한나라는 사관에게 황제를 평가할 권력을 부여했다. 역사는 중국인에게 '종교'와 같고, 역사 평가는 종교 심판과 같았다. 이 원칙은 역대 왕조에 의해 계승됐다. 심지어 원(元)나라와 청(清)나라에서도 황제는 개별 사관을 죽일 수는 있었지만, 사관제(史官制)를 폐지할 엄두를 내지 못했다. 철회하면 화하(华夏)의 정통을 부정하는 것이 되기 때문이었다.

화하의 정통은 중화의 도통(道统)이다. 대규모 정치체의 장기적인 안정은 반드시 도통에 대한 각계각층의 내적 공감대가 있어야 한다.
중화 도통의 핵심은 중용·포용·화합으로서 일종의 원칙, 일종의 경
지, 일종의 법칙, 일종의 가치를 구현하고 있다. 성현(聖賢)에게는 성
인의 도(道)가 있고, 군주에게는 군도(君道)가 있으며, 신하에게는 신
도(臣道)가 있고, 상인에게는 상도(商道)가 있다. 거문고·바둑·서
화·의술·술·차·검 등 인륜과 일상의 모든 방면에도 도가 있다.
선비와 백성의 뼛속까지 깊이 내재되어 있는 춘추의 대의(春秋大義)
는 모든 사물을 도(道)의 기준으로 평가하고 있다. 양한(兩漢)의 신도
(臣道)를 예로 들자면, 곽광(霍光)·왕망(王莽)·제갈량은 모두 실권
을 가진 신하였지만, 선비와 백성들의 마음속에서는 평점이 완전히
다르다. 왕망은 스스로 유가를 신봉한다고 했지만, 그의 왕위 찬탈은
사익을 위한 것이었지 공익을 위해서가 아니었다. 곽광은 공익을 위
해 황제를 두 번 바꿨지만, 사람됨이 포악했다. 제갈량은 몸담고 있는
나라가 약하고 실력이 딸렸지만 "왕업은 편한 자리가 아니다."라고
하며 실패하더라도 거듭 북벌하여 한나라 왕실을 회복하려고 애썼다.
공익을 위한 것인지, 사익을 위한 것인지, 대일통을 위한 것인지, 분열
을 위한 것인지는 선비와 백성들이 마음속으로 잘 알고 있었다. 사서
에서도 그렇게 썼고, 연극에서도 그렇게 엮었다. 대도(大道)는 높고
위험하고, 모든 사람들은 '도'의 평가를 피할 수 없다. 군벌도 '도'가
있기는 마찬가지다. 이를테면 조조(曹操)는 한나라 왕실에 불충했지
만, 여전히 "주공이 사람들을 어질게 대하니 천하의 마음이 그에게로
돌아갔다.(周公吐哺, 天下歸心)"는 것을 정치적 이상으로 삼았다. 다
만 동탁(董卓)과 같은 무도한 비적과 군벌은 어지러운 빗줄기나 뜬구
름과 같아 일고의 가치도 없다고 보았다.

제 4 장   중국과 서양의 상도

제1절   어진 정치에 대한 부담

2017년 여름, 중국과 몽골의 합동 고고학팀이 몽골 항가이산(杭愛山)의 한 붉은색 석벽에서 마애석각(摩崖石刻)을 발견했다. 학자들은 자세한 고증을 거쳐 이것이 여러 고서에서 언급된, 한나라가 서기 89년에 흉노를 대파한 뒤 만든 '연연산명(燕然山銘)'[79]이라고 확정했다. 이로써 고대 중원 사람들이 최북단이라고 여겼던 연연산(燕然山)의 진면목이 마침내 수면 위로 드러나게 되었다.

이 비문은 로마제국에게도 매우 중요하다. 한나라가 흉노와의 200년 공방전을 끝내서 흉노가 서쪽으로 향하게 했고, 중앙아시아 초원민족의 서쪽 이동이라는 연쇄 반응을 일으켰기 때문이다. 2세기 후 훈족과 동고트·서고트는 일파만파로 로마 변방을 돌파하고 서로마

---

[79] 연연산명 : 지금의 몽고인민공화국 경내에 있는 항애산(杭愛山)에 있는 비문이다. 동한(東漢) 영원(永元) 원년에 차기장군(車騎將軍) 두헌(竇憲)이 군사를 이끌고 변방으로 나가 북흉노를 대파하여, 연연산에 올라 석각에 공을 새기어서, 한나라의 위엄과 덕망을 기록으로 남긴 비문인데,《후한서·두헌전》을 보면 "한나라 반고(班固)가 《봉연연산명서》를 썼다고 기록되어 있다.

제국을 와해시켰다. 훈족이 흉노인지 아닌지에 대해서는 아직도 의견이 분분하다. 아무튼 중앙아시아 초원민족의 대규모 서천(西遷)을 촉발한 주원인은 흉노임에 틀림없다.

〈설명〉: 흉노의 무사가 말을 타고 활을 쏘는 그림

그러면 흉노는 왜 서쪽으로 이동했을까? 2013년 미국의 고기후학[80) 전문가 에드워드 쿡(Edward R. Cook)은 중국 칭하이(靑海)의 식물 연륜 데이터를 수집하여, 태평양 지역의 기후변화 역사와 결합시켜 흉노의 서쪽 이동은 기후변화와 직접적인 관계가 있다고 주장했다.[81)

---

80) 고기후학(考氣候學) : 고고기후학을 말하는데 지질시대를 포함하여 장기간에 걸쳐 나타나는 기후를 연구하는 학문분야이다.

81) Nicola Di Cosmo, Neil Pederson, Edward R. Cook: "Environmental Stress and Steppe Nomads: Rethinking the History of the Uyghur Empire (744-840) with Paleoclimate Data," Journal of Interdisciplinary History, XLVIII: 4 (Spring, 2018).

서기 2~3세기, 몽골 고원과 중앙아시아 초원은 100여 년 동안 심각한 가뭄에 시달려 유목민족은 생존할 수가 없었다. 따라서 부득불 중국 쪽으로 남하하거나 유럽이 있는 서쪽으로 이동해야 했다. 결국 흉노는 한나라와의 2,3백여 년의 전쟁에서 실패하는 바람에 서쪽으로 이동할 수밖에 없었다. 그들은 중앙아시아 초원에 있는 유목 민족과 함께 다른 농업문명의 중심인 로마로 향했고 결국 서로마 제국을 와해시켰다.

한나라가 흉노의 남하를 막지 못했더라면 동아시아사와 세계사는 다시 써야 했을 것이다. 기후는 초원 민족의 불가항력적인 도전이 되었고, 초원 민족은 또 농업문명에 도전하는 거대한 세력으로 되었다. 진·한과 로마는 멀리 떨어져있었지만 모두 같은 시련에 직면해 있었다. 결국 양한(兩汉)은 시련을 이겨냈다.

한나라와 흉노의 싸움은 서한에서 시작되었고, 동한에서 끝이 났다. 서한 초기에는 이미 기후변화의 전조가 나타났다. 흉노의 영토에는 해마다 눈비가 내리고 큰 재해가 발생하여 가축이 대량으로 죽었다. 처음에는 화친(和亲)무역을 한 번 하면 흉노가 10여 년 동안 안정적으로 보낼 수 있었다. 하지만 문제(文帝) 말기부터 재물을 주고 공주를 시집보내도 소용이 없었다. 지난해에 줬는데 올해에 또 약탈하러 오는 식이어서 갈등이 급격히 격화되었다. 서한의 무제 때에도 중원지역에는 대규모 수해와 가뭄, 기근이 발생했지만 거국체제로 겨우 버텼다. 천재(天灾)를 내생적인 힘으로 소화하느냐, 아니면 약탈과 이동을 통해 전이시키느냐 하는 것은 문명의 지속가능성에 영향을 미치는 일이다.

한무제는 흉노의 지속적인 침범을 견디다 못해 10여 년 동안 지속

된 흉노와의 전쟁을 시작했다. 결국 위청(卫青)은 하투(河套) 지역을
확보하여 삭방군(朔方郡)을 세웠고, 곽거병(霍去病)은 서역을 뚫어 무
위군(武威郡)과 주천군(酒泉郡)을 세웠다. 바로 이 두 기지가 있었기
에 동한이 나중에 몽골고원의 배후지를 공격할 수 있었다. 이 승리의
대가 역시 만만치 않아서, 문제(文帝)와 경제(景帝) 때에 비축했던 식
량이 다 소모되었다. 한때는 승리를 위해 돈을 기부하고 식량을 기부
하는 사람은 누구나 관리가 될 수 있었다.

곽거병이 이끈 하서(河西) 전투에서 흉노의 혼사왕(浑邪王)이 4만의
군사를 이끌고 투항했다. 그러자 한무제는 변군(边郡)에 다섯 개의 속
국(属国)을 정해 잘 정착시키기로 했다. 그는 또 장안(长安)지역의 상
인들에게 투항한 흉노인들이 쓸 수 있게 거마(車馬) 2만 대를 기부하
라고 했다. 하지만 기부하려는 상인이 없었다. 이에 한무제는 화가 나
서 장안의 현령과 상인들의 머리를 베려고 했다.[82]

그러자 대신들이 반발했다. 온갖 악행을 저지른 흉노를 무수한 재
물을 써 가면서 겨우 이겼으니 마땅히 포로들을 희생된 전사들의 집
에 보내서 노비로 삼아 보상토록 해야 하며, 조정이 재물을 들여 이들
을 부양하고 한나라 백성에게 그들을 돌보라고 하는 것은 중국의 근
본을 해치는 일이라고 강하게 간언했다.[83]

한무제는 한동안 생각한 끝에 여전히 돈을 내어 흉노인들을 잘 정
착시키도록 했다. 다만 돈은 국가재정(대사농[大司农])에서 대지 말고

82) 韩兆琦 역주, 『史记:汲郑列传』, 中华书局, 2010년, 7113쪽.
83) 위의 책
84) 소부(少府) : 전한(前漢)시대에는 제실재정(帝室財政)을 맡아 황제의 가산적(家産的) 수입(收入: 주로 山海池
澤으로부터의 수입)을 관할했으며, 그 장관은 9경(卿)에 열좌(列座)되었다. 후한(後漢) 이후 국가 재정을 관
장하는 대사농(大司農)에게 그 주요 임무를 흡수당하고, 궁정에서 사용하는 기물(器物)이나 공예품을 제작
하는 관청이 되었다.

황실(少府)[84]에서 내도록 했다. 이는 중화문명을 이해하는 또 다른 시각이다. 한나라의 영토 확충은 여느 제국 식민지와 다를 바 없었는데, 패전자를 노예로 삼지 않고 사비를 털어 부양하는 식민자가 어디 있느냐고 질문하는 사람도 있다. 비슷한 시기에 벌어진 로마와 카르타고의 제3차 포에니전쟁(B.C 149년~B.C 146년)에서는, 로마가 카르타고의 도시 전체를 초토화하고 항복한 5만 명은 노인이든 어린애든 할 것 없이 모두 노예로 팔았다.

그리스와 로마의 대외전쟁은 돈벌이가 되었고, 한나라의 변방 정벌은 돈을 쏟아 붙는 꼴이 되어 사서에서는 "저축을 모두 탕진했다."고 비판했다. 그러나 한나라는 돈이 아니라 인심을 원했다. 그 이유는 유가의 '인정(仁政)' 즉 어진 정치사상에서 찾을 수 있다. 한나라가 바랐던 것은 흉노인의 마음을 귀순시키는 것이었다. 흉노인이 진심으로 귀순한다면 중국 백성이 되는 것이고 인의(仁义)와 재물을 들여 그들을 대해야 한다는 것이다.

그러나 '어진 정치'의 부담은 너무 컸다. 중원과 초원이 모두 재해를 입자 소농들이 대규모로 파산했고, 그들은 생계를 위해 거상에게 전답과 집을 팔아야 했다. 한나라 때 나타난 거상들은 토지겸병을 주도했는데 이는 로마와 같았다. 이런 상황에서 이득을 취한 투기상과 대지주는 "국가의 이익에는 전혀 관심이 없었다." 이 역시 로마와 같았다. 상인들의 재력은 이미 각급 정부를 압도한지 오래 되었지만[85], 조정이 '7국의 난'[86]을 평정하기 위해 돈을 빌려 달라고 하자 그들은

---

85) 韩兆琦 역주, 『史记·汲郑列传』, 앞의 책, 7622-7623쪽..
86) 7국의 난 : '오초7국의 난'을 말한다. 한나라가 건국공신과 지방 세력이 반란을 일으킬 소지를 없애기 위해 군국제를 실시했는데, 왕조의 지배력이 안정된 후 제후국에 대한 압박을 시작하였고 이에 위기의식을 느낀 오, 초 등 7개 제후국들이 난을 일으켰는데, 3개월만에 평정되었고, 무제 때 황제 중심의 중앙집권체제가 완성되었다.

조정이 승산이 없다고 판단하여 거절했던 것이다.[87]

　문경(文景) 시기부터 조정과 민간에서는 농업과 상업의 갈등 해법을 놓고 논쟁을 벌이고 있었다. 하나는 가이(贾谊)의 '중본억말(重本抑末)' 즉 농업을 중시하고 상업을 억제한다는 것이다. 이는 전형적인 법가의 논리였다. 『상군서(商君书)』에서는 '간상'을 상대하는 수단으로, 10배의 세금 징수, 무역 금지, 부하 점원들을 모두 길 수리에 내모는 등의 방안들을 제시하고 있다. 하지만 상업은 서한의 번영을 이룬 기초인데, 어찌 다시 진나라 때의 학정으로 돌아갈 수 있겠는가 하는 것이 문제였다. 다른 하나는 조착(晁错)이 제시한 농업세금 감면 정책이다. 이것은 전형적인 유가의 논리였다. 하지만 세수를 줄이면 중앙 재정은 무슨 돈으로 재해와 전쟁에 대비한다는 것인가가 문제였다. 이러한 문제와 경제 모두가 결정하기 어려워서 그대로 두고 있었던 것이다.

　결국은 이 문제를 해결한 사람은 한무제였다. 누군가가 그를 위해 진나라 제도로 회귀하지도 않았고, 소농의 세금을 추가하지 않고 국가의 재력을 증대시킬 수 있는 해결책을 찾아냈다. 이 사람은 상인으로서 유가나 법가 모두에 해당하지 않았던 인물이었다.

제2절　상인이 보여준 가정과 국가에 대한 책임

경제(景帝)가 죽기 전 마지막 해에 낙양(洛阳) 거상의 아들 상홍양

---

87) 韩兆琦 역주, 『史记·汲郑列传』, 위의 책, 7620-7621쪽.

(桑弘羊)은 특별한 재능인 '심계(心计, 암산)'로 궁궐에 들어가 '낭관 (郎官)'을 지냈다. 겨우 13세밖에 안 되었던 때였다. 낙양은 도읍지인 장안과 달리 상업도시여서 주민들은 "상인이 되는 것을 좋아하고 벼슬을 하는 것을 별로 좋아하지 않았다." 한나라도 상인에게는 벼슬을 시키지 않았다. '낭(郎)'은 군수(郡守)와 장군의 후손만이 할 수 있었다. 따라서 상인 집안의 자제가 '낭관'이 되어 입궁하는 것은 아주 이례저인 일이었다.

상홍양이 궁에 들어간 것은 16세의 소년 천자 한문제 유철의 공부 친구가 되기 위해서였다. 유철이 무슨 책을 읽으면 따라 읽었고, 유철이 미복을 입고 소풍하러 가면 그를 호위하기 위해 따라나섰다. 유철의 시중을 들던 이들은 대부분 대신이나 장군으로 출세했지만, 그는 20년 동안 중용되지 못했다. 그러다가 상인들이 투항한 흉노를 위한 거마 기부를 거부하는 사건이 벌어지면서 상홍양이 전면에 등장하게 되었다.

화를 억누르던 유철은 상홍양의 기획으로 B.C 120년 선비들을 아연 실색케 하는 일을 벌였다. 그는 유명한 소금 상인 동곽함양(东郭咸阳)과 유명한 철 상인 공근(孔仅)을 등용하여 전국의 '염철관영(盐铁官营)'을 주도했다. 상홍양은 '계산용 시중'으로 내정(内廷)에서 호흡을 맞추었다.

'염철관영'이란 민간이 운영하던 제염업과 주철업을 관공서로 이전하여 대규모로 운영하는 것을 말한다. 소금과 철은 고대사회에서 가장 큰 소비재였기에, 관영 경영은 가장 큰 재원을 독점하는 것이었다. 많은 사람들이 국가가 상인·백성들과 이익을 다투는 것이라고 비판했지만, 국가의 독점을 도운 것은 결국 염철(盐铁)상인들이었다.

이상한 일이었다. 로마 상인들은 재력으로 나라를 협박하여 돈을 벌었지만, 한나라 상인들은 오히려 국가의 거시적 통제를 도왔으니 말이다.

이 밖에도 상홍양은 '균수법(均輸法)'과 '평준법(平准法)'을 고안해 냈다.

균수법은 각 지방에서 가장 풍부한 물품을 조정에 공물로 진상하고 조정은 조정에서 운영하는 네트워크를 통해 해당 물자가 귀한 곳에 판매해 농업세를 늘리지 않고도 막대한 재산을 얻을 수 있도록 했다. 평준법은 조정이 운영하는 네트워크로 가격 파동을 해결하려는 정책이었다. 어떤 상품의 가격이 폭등하거나 폭락하면 조정이 시장에 판매하거나 매입해 물가를 안정시켰다. 반면 로마제국의 디오클레티아누스 황제는 물가 변동에 맞서 가격제한 칙령(B.C 301년)을 내렸고, 상품 가격부터 봉급까지 최고 상한선을 책정했지만 결국 실패하고 말았다. 주리안 황제[88]도 서기 362년에 한 번 시도했지만 역시 실패로 끝났다.

또한 상홍양은 화폐를 통일해 각 군국(郡国)에 분산됐던 조폐권을 국가로 회수했다. 동전은 모두 통일적으로 주조한 '오수전(五铢钱)'이었다. 반면 로마는 금화와 은화만 국가가 주조하고 동전은 도시별로 독자적으로 주조토록 했다.

그가 만든 거시 조정 정책과 중앙 재정시스템은 한나라가 농업 재해와 흉노의 침입에 대항하는 데 큰 도움을 주었고, 한나라가 수많은 성과를 이루는 데 경제적 뒷받침이 되었다. '균수'와 '염철관영'을

---

[88] 주리안(Julian) 황제 : 콘스탄틴 대제의 조카로 361년에 황제가 되었는데, 이교도였기에 기독교에 대해 공격하며 조롱하였다.

통한 재정 비축으로 전사들의 봉급을 지불하고 북방의 굶주린 사람들을 구제했던 것이다.[89] 그러나 새로 생긴 거시적 조정 정책에는 문제점도 뒤따랐다. '염철관영'에서는 공영기물의 규격이 사용(私用)과 맞지 않는 경우가 많았고, '균수'에서는 관리들이 마구잡이로 물산을 징수하는 경우가 많았으며[90], 재산은닉 신고를 장려하는 고민제도(告緡制度)에서는 사채와 투기상들의 재산세를 징수하기 위한 범국민적 밀고운동까지 벌어졌다. 상홍양도 말년에 정책 취지와 관료 집행 효과의 차이를 인정했다. 비록 부족한 점도 있었지만 그 긍정적인 효과는 부인할 수 없는 일이다.

〈설명〉: B.C 113년 한무제는 군국(郡国)에서 돈을 주조하는 것을 금지하고 상림삼관(上林三官)만 주조할 수 있게 하여 화폐 주조권과 발행권을 완전히 중앙으로 귀속시켰다. 사진은 군국오수(郡国五銖)와 상림오수(上林五銖)이다.

〈설명〉: 로마의 동전은 '포로된 주디야'를 대표하는 슬픔에 가득 찬 여성 옆에 서 있는 자랑스러운 로마 병사를 표현한 것이다.

---

89) "병사들은 봉급을 받지 못했고, 산동(山东)은 재해를 입 제(齐)나라와 조(赵)나라 지역에 큰 기근이 들었는데, '균수' 등을 통한 비축으로 창고 문을 열어 병사들에게 봉급을 지불하고, 굶주린 백성들을 구휼했다." 王利器 주석, 『盐铁论校注』, 中华书局, 1992년, 27쪽.

90) 晁错, 『晁错集注释』, 上海人民出版社, 1976년, 31쪽.

상홍양은 두 가지 큰일을 했다. 첫 번째는 '가민공전(假民公田)' 이다. B.C 114년 외조(外朝)에 처음 부임한 그는 투기상인과 고리대금업자들로부터 몰수하여 공유지로 된 땅을 유랑민들에게 세주어 농사를 짓게 했다.[91] 로마에도 공유지제도가 있었다. 정복한 땅의 일부를 떼어서 빈민들에게 세주었는데, 권력자들의 대량 침탈을 막지 못해 공유지가 갈수록 줄어들고 국가는 결국 조절능력을 상실했다. 상홍양의 '가민공전' 은 로마의 그라쿠스 형제가 토지개혁을 하다가 피살(B.C 133년, B.C 121년)된 때와 비슷한 시기에 실시되었다. 결국 상홍양은 성공했고 로마는 실패했다.

〈설명〉: 장건(张骞)은 서역에 출사하여 실크로드를 개통하였는데, 이는 중국과 서역 각지의 공식 교류가 정식으로 열렸음을 의미한다. 막고굴(莫高窟) 제323굴 『장건출사서역도(张骞出使西域图)』

---

91) 진 · 한의 토지제도에는 국가가 소유한 '공유지' 와 개인이 소유한 '사유지' 가 함께 존재했다. 국가 공유지를 재분배와 임대용으로 쓰면 근본적인 갈등은 해소하지 못했지만 토지 겸병은 완화할 수 있었다. 북위와 수 · 당의 성세는 시종일관 수전제(授田制)와 그 맥을 같이했다. 반대로 국가가 공전(公田)이라는 조절수단을 잃을 때마다 왕조는 쇠락의 길로 접어들었다.

그가 했던 두 번째 큰일은 서역을 공고히 하는 것이었다. 한나라가 설치한 하서4군(河西四郡)은 본래 군사거점이었다. 그러다가 상홍양의 건의로 60만 방위병을 징발하여 하서에서 둔전(屯田)을 실행한 것이다. 이런 기초가 없었더라면 동한의 반초(班超)는 서역도호부(西域都护府)를 건설할 수 없었을 것이고, 실크로드도 영원히 뚫을 수 없었을 것이다. 상홍양은 조정보다 서역에 더 열광했다. 한무제 말년에 상홍양은 윤대(轮台, 지금의 신장 룬타이현)에서 둔전을 실시하여 서역을 완전히 공고히 하는데 주력했다. 그러나 한무제는 「윤대조(轮台诏)」라는 조서를 내려 이를 포기했다.

그렇다면 거상의 아들이 왜 이렇게 집요하게 빈민들을 위해 땅을 나누고 조정을 위해 서역을 개척했었나? 그가 바로 『춘추(春秋)』를 읽었기 때문이었다. 그는 소년 시절 유철(刘彻)과 함께 『춘추』·『노시(鲁诗)』[92]·『상서』를 읽었다. 그래서 나중에 염철(盐铁)에 대해 논하는 회의에서 여러 유가학자들과 설전을 벌일 때, '춘추대의'와 '유가경전'을 구구절절 인용할 수 있었다. 유철이 가난한 선비 중에서 문관을 뽑기 시작한 이후 민간에서 유학(儒学) 붐이 일었는데, '왕도(王道)'를 이야기하지 않으면 나무꾼이나 뱃사공까지 비웃을 정도였다. 이러한 문화적 분위기가 없었더라면 거상들이 생겨날 수 없었을 것이다. 상홍양과 함께 '염철관영'을 추진했던 상인 동곽함양과 공근도 조정을 위해 늙을 때까지 뛰어다녔다.

상홍양은 줄곧 상인의 습성을 유지하고 있었다. 그는 살림살이가 검소해야 한다고 생각하지 않았다. 오히려 조정의 하사품과 녹봉을

---

92) 노시(鲁诗) : 중국의 노나라 사람 신배가 전하였다는 『시경』을 말한다.

"잘 관리하고 이용하여" 좀 더 윤택한 생활을 누리는 것을 자랑으로 여겼다.[93] 그러나 그는 중앙집권으로 조달한 돈을 모두 서북의 둔전과 산동의 수해(水害)를 다스리는 '천하경영'에 투입했다. 그는 유가 정신에 감복하였으나 공담만 늘어놓는 선비들을 멸시했다.[94] 그의 관점은 옳았다. 한나라의 모든 성과는 중앙재정 시스템이 없이는 도저히 이룰 수 없는 것이었다.

상홍양은 상인일까, 관료일까? 유가에 속할까, 법가에 속할까? 그는 '상도(商道) 사명'이라는 영원한 화두를 남겼다. 상인으로서 모든 속박에서 벗어나 개인의 상업제국을 건설해야 할 것인가? 아니면 자신의 이익 외의 천하를 구제해야 할 것인가? 이는 중국 상인들의 마음속에서 떨궈낼 수 없는 영원한 갈등이었으며, 그 선택에 따라 확연히 다른 운명들이 생겨났던 것이다.

제3절 중국과 서양 상도의 차이

상홍양과 동시대에 살았던 로마제국 최고의 거상은 크라수스였다. 그는 큰일을 하나 했는데, 바로 스파르타쿠스 봉기를 진압한 것이다.

크라수스는 '로마 최고의 갑부'였다. 크라수스는 로마에 소방대가 없다는 것에 착안해 500명으로 구성된 개인 노예 소방대를 만들어 부를 축적했다. 어떤 집에 불이 나면 그는 부하들과 함께 가서 집주인에

---

93) 王利器 주석, 『盐铁论校注』, 中华书局, 1992년, 219-220쪽.
94) 위의 책, 595쪽.

게 저렴한 가격에 집을 팔라고 했다. 집주인이 팔겠다고 하면 불을 꺼주고, 안 팔겠다고 하면 타도록 그냥 놔두었다. 집주인이 어쩔 수 없이 싼값에 집을 넘기면 그는 그제야 불을 끄고 집을 수리해 피해자인 원래 주인에게 고가에 되팔았다. 이렇게 그는 "불이 난 것을 이용해 한몫을 잡는 방법"으로 로마의 건물 대부분을 사들였다. 크라수스는 또한 로마 최대의 노예 판매상이기도 했다. 그가 남긴 유산은 로마의 연간 재정 수입에 달했다.

그가 정치를 한 후의 관대함은 장사를 할 때의 착취만큼이나 놀랍다. 그는 재산의 10분의 1을 축제 비용으로 내고 로마 시민 개개인에게 3개월 치 생활비를 지급했다. 이는 표를 긁어모으는 효과적인 방식이었다. 결국 70년에 손쉽게 경선에 성공해 폼페이우스와 함께 연립집정관에 임명됐다. 이에 비하면 위대한 카이사르는 10년 동안 악전고투한 끝에 겨우 '삼두정치'[95]의 반열에 오를 수 있었다.

크라수스는 군단 하나를 완전히 무장시킬 수 없다면 부자라고 할 수 없다는 명언을 남겼다. 그는 파르티아 제국[96] 원정길에서 사망했다. 그는 전투는 물론 죽음에서까지 로마다운 용맹함을 보여줬다. 하지만 그가 파르티아 제국 원정에 나선 이유는 국가를 위해서가 아니라 자기 자신을 위해서였다. 로마에는 새 도시를 점령하는 자가 그곳의 재물을 차지하는 암묵적인 관행이 있었다. 그는 성공하지 못했고, 파르티아 기병들은 그의 머리를 베고 그 안에 황금을 가득 채워 넣었다.

---

95) 삼두정치(三頭政治, Triumvirate) : 로마 제국에서 황제 체제가 만들어지기 직전의 3인 집권 체제를 지칭한다. 대표적인 과두제이다.

96) 파르티아 제국 (pɑːrθiən) : 아르사케스 제국 (ɑːrsəstd)이라고도 하는데, B.C 247년부터 A.D 224년까지 고대 이란에 있던 이란족의 정치문화적 세력이다

크라수스 같은 상인 정치가는 중국에서 나올 수 없었다. 그가 부를 축적한 방식은 중국 상계에서조차 존중받지 못했을 것이니, 정치 지도자는 더더욱 될 수 없었을 것이다. 그러나 로마에서는 개인이 군대를 무장시키고, 선거 때 표를 확보할 만큼 재산이 충분하다면 정계에서 한 자리를 차지할 수 있었다.

로마가 창조한 지중해 세계에서는 크라수스와 같은 금융가, 징세청부인, 노예장수들이 쏟아져 나와 로마의 정치에 투자했다. 하지만 로마가 붕괴된 뒤에도 이들은 큰 영향을 받지 않았다. 그들은 야만족이나 교회와 충분히 타협하여 새로운 봉건영주로 전환하였다.

근대 들어 일각에서 명나라 말기에 자본주의가 싹텄고, 중국의 상업정신은 유가 농업문명의 지류라는 주장이 나왔다. 그러나 사실은 그렇지 않다. 중국의 상업정신은 유가 농업문명의 중요한 부분으로, 선천적으로 부족한 것이 아니라 타고난 조숙함이었다. 따라서 유가사상을 수동적으로 받아들인 것이 아니라 실질적으로 수정한 것이다. 상홍양이 말년에 염철(盐铁) 회의에서 제안한 바와 같이 상업으로도 입국(立国)할 수 있었다. 그는 국가가 큰 시장을 설립하고 온갖 상품을 모아 농민·상인·공인·선비가 "각자가 원하는 대로 거래하고 물러나게 해야 한다."고 주장했다. 그는 또 국가가 국민을 부유하게 하지 못하는 것은 도덕적 문제가 아니라 상공업이 발달하지 않았기 때문이라고도 했다. 이는 전국시대 제(齐)나라의 '관자경중지학(管子轻重之学)' 97)에서 유래한 것이다. 경중학파(轻重学派)는 시장을 이용하여 부를 조절하고, 화폐로 가격을 형성하며, 이익 메커니즘을

---

97) 경중(輕重) : 나라의 물가조절 정책을 말하는 것인데, 정책가운데 가볍게 취급할 것과 중요하게 취급할 것이 있다고 덧붙인 이름이다

이용하여 사회적 행동을 유도하고, 행정적 수단으로 강제 단속하는 것을 반대한다고 분명히 제시하였다. 이런 사상들은 매우 현대적이었다. 우리는 종종 선현의 가치를 과소평가하게 된다. 중국이 끝내 자본주의 경제를 발전시키지 못한 데는 여러 가지 이유가 있겠지만, 상공 문명의 씨앗이 없어서가 아니라는 점은 분명하다.

중국의 상공(商工) 문명은 시작부터 유가의 도덕 윤리에 속박당하고, 이후 가정과 국가의 책임에 속박 당했다고 말하는 사람이 있다. 이런 이중 속박 때문에 중국에서는 서양식 기업가가 빠르게 나타나지 않았다는 것이다. 그러나 도덕 윤리와 가정과 국가에 대한 책임은 오늘날 서양 기업가들이 반드시 대답해야 할 문제다. 순수한 사적 이익이 저절로 사회의 공동 이익을 이룰 수 있는가? 국가와 개인 간 이익의 경계를 어떻게 정확하게 구분할 것인가? 자유경제는 국가 주권에

〈설명〉: 전국시기 제(齊)나라 수도 임치(臨淄)의 모형도. 종횡가 소진(苏秦)이 묘사한 "임치의 거리는 수레바퀴가 맞부딪치고, 사람들의 어깨가 스치며, 옷섶이 휘장을 이루고, 옷소매가 장막을 이루며, 사람들이 흘린 땀이 비를 이룬다."는 성황 상황을 생생하고 사실적으로 재현하였다.

서 벗어날 수 있는가? 등의 문제에 대해 중국은 2000년 전부터 고민하
기 시작했던 것이다.

제 5 장　로마제국

제1절　상층과 기층의 통치

서한(西汉) 왕조가 멸망할 때(서기 8년) 로마제국은 막 시작되었다. 로마를 건국한 아우구스투스와 한무제(汉武帝) 유철(刘彻)은 비슷한 점이 많았다.

두 사람 모두 천재 소년이었다. 유철은 17세에 즉위해 23세에 유가를 내세우고 흉노를 정벌했으며, 49세 전에 두 가지 일을 모두 완성시켰다. 아우구스투스는 19세에 군대를 일으켜 32세에 분열을 종식시켰으며, 47세 전에 로마제국의 제도 구축을 완료했다.

두 사람은 또한 복잡하고 모순적인 인물이었다. 유철은 유가사상을 신봉했지만 일처리 방식은 법가에 가까웠다. 그러나 법가라고 해도 진나라 제도로 되돌아가지는 않았다. 그는 도가를 좋아했지만 유가로써 나라를 세웠다. 아우구스투스도 모순이 가득했다. 그는 거두(巨頭)와 협력해 원로원을 무력화시켰지만 나중에는 원로원과 협력해 거두를 제거했으며, 공화정 형식을 남겨 두었으나 군주제를 시행했다.

그는 또한 여러 개의 문관 직책을 맡았으나 그의 진정한 힘의 원천은 18만의 로마 군대였다. 그는 명확한 계승제도를 구축하지 않았지만, 왕조는 결국 가족 내에서 승계되었다.

아우구스투스와 유철이 복잡했던 이유는 로마와 진·한이라는 초대형 정치체를 통솔해야 했고, 그것은 하나의 이론과 제도, 안배로는 지탱할 수 없었기 때문이다.

아우구스투스와 유철의 정치적 마인드도 비슷했다.

아우구스투스는 제도건설을 매우 중시했다. 관료·군대·세리(稅吏)제도 외에 국가이데올로기도 중시했다. 그는 로마 초기의 전통적 도덕으로 인심을 얻고, 가족·국가·본토의 신에 대한 충성심과 책임감을 고취하고자 했다. 유철이 동중서(董仲舒)를 찾은 것처럼, 아우구스투스도 문화 거장들을 불러들었다. 베르길리우스[98]는 그리스의 호메로스를 본떠 로마 서사시 『아이네이스』를 만들어 '로마 민족'의 정체성을 구축했고, 리비우스는 로마 건국 700년의 흥망성쇠를 총결산하고 분열된 파벌주의를 비판한 『로마 건국사』를 썼으며, 호라티우스의 '풍자시'는 부패 풍조를 비판하고 국가에 대한 사회의 책임감을 호소했다.

하지만 두 사람의 정치 경로와 결과는 서로 달랐다.

아우구스투스는 문관시스템을 구축했다. 재벌의 정치 파괴력을 극복하기 위해 문관 체계에 재벌을 과감히 끌어들인 것이다. 기사계급은 인턴장교로 시작해 세리(稅吏))시스템으로 들어가 잘 되면 행성의 재무관으로 될 수 있었으며, 최고로는 원로원에까지 들어갈 수 있었다. 키케로의 '귀족과 재벌의 공동 천하'를 제대로 실현한 것이다. 반면에 한나라는 문관을 기층에서 선발해 인재를 양성해 '평민정신'을 지닌 왕조를 만들었다.[99] 로마제국의 문관들은 모두 행성의 수도에 집중되어 있었고, 말단에 이르는 기층정권은 없었다. 행성 아래에는 관료들이 없고, 자치권을 가진 왕국과 도시, 부족들이 있는데, 각자 원래의 제도에 따라 운영되었다. 로마는 총독과 약간의 재무관을 파견하여 조세·군사·사법을 관장하였으며, 행성 아래의 공공서비스와 문화교육에 대해서는 일절 관여하지 않았다. 중앙에서 파견한 재무관들도 기층에 내려가지 않고 행성에만 있었다. 그러니 수직적으로 관리하는 기층 세리를 두는 것은 더욱 있을 수 없는 일이었고, 세금 징수는 지방 실세에게 할당되었다. 지방의 실세는 지방사무에 대해 발언권이 있었고, 총독은 지방 실력자의 바람대로 결단을 내리곤 했다. 이를테면 로마총독 빌라도는 예수를 죽이려 하지 않았지만 유대 지도자들의 강력한 요구에 마지못해 십자가에 못 박으라고 지시했다. 총독은 업무에 관여하지 않았고 공공비용도 부담하지 않았다. 지방도시 건설과 문화 활동도 현지 거상의 자발적인 협찬으로 이뤄졌다. 중앙 정권이 쇠퇴한 후, 이 지방 실력자들은 야만족 왕국 치하의 봉건지주로 탈바꿈했다. 왜냐하면 그들은 원래 독립적이었기에 누가 세금을 거두든 마찬가지였기 때문이다. 영국의 학자 사무엘 파이너는 로마제국을 수많은 폴리스들로 이루어진 하나의 거대한 지주회사라고 표현했다.[100]

99) 钱穆, 『国史大纲』, 商务印书馆, 1991년, 128쪽.
100) 사무엘 파이너 지음, 马百亮·王震 역, 『统治史』(卷一), 华东师范大学出版社, 2010년, 362쪽.

<설명> : 간쑤(甘肅) 금창여간(金昌驪軒)의 고성(古城)에서 펼쳐진 고대 로마 역사 퍼포먼스. '고대 로마황제'와 '황후'가 흰 두루마기를 입은 '고대로마 원로원 대표'의 수행 하에 행진하고 있다.

결국 로마의 통치는 기층보다는 상층만 다루는 것이었다. 로마제국은 환지중해권 상류층 엘리트의 대연합일 뿐 기층 군중은 그 안에 포함되지 않았고 융합은 말할 필요도 없었다. 서양학자의 말처럼, "로마제국 문명은 풍부하나 경제기반은 초라한 '노예제 대장원'이었다." 101) 문화기반도 마찬가지였다. 로마는 귀족과 관료만이 라틴어를 할 줄 알았고, 기층의 군중은 기본적으로 라틴어를 몰랐다. 로마가 그들을 교육할 생각이 전혀 없었기 때문이다. 갈리아와 스페인이 로마에 병합된 지 300년이 지나도록 농민들은 켈트어만 구사했다. 때문에 아우구스투스가 바라는 '로마민족의 정체성'은 군중의 마음속에 와 닿지를 못했다. 상류층이 붕괴하자 기층의 백성들은 각자의 살 길을 찾았고 로마는 깨끗이 잊혀졌다. 반면 진·한은 상층과 기층을 관통해

101) 페리 앤더슨 지음, 郭方 역, 『从古代到封建主义的过渡』, 上海人民出版社, 2001년, 137쪽.

현(县)과 향(乡)까지 직통하는 문관체계를 구축했다. 관청은 기층에서 인재를 모집해 엄격한 시험을 거친 뒤 지방으로 파견해 세수와 민정, 사법과 문화, 교육을 전면적으로 관리하도록 했다. 심지어는 서역에 둔전(屯田)하는 하급관리조차 "문서 작성과 회계를 알아야 하며, 관민을 다스리고 율법을 알아야 한다."고 엄격하게 요구했다. 문리(文吏)는 사서 읽기, 문서 작성, 의례 연습도 전문적으로 해야 했다.[102] 한나라의 말단관리는 사회관리 뿐만 아니라 공공 문화생활도 책임져야 했다.[103] 군(郡)과 현(县)에서는 기층에 학교를 설치하고 경서를 가르치는 선생을 배치하도록 했는데, 이와 같은 전적(典籍)교육을 통해 다양한 지역의 백성을 하나의 문화공동체로 묶을 수 있었다. 따라서 중앙정권이 붕괴해도 각지의 백성은 같은 문자를 쓰고 같은 도덕을 따르며 같은 문화를 가졌다. 이런 사회기반 때문에 대통일 왕조가 오래 지속될 수 있었던 것이다.

제2절 정권과 군권의 관계

로마와 진·한이 두 번째로 다른 점은 군대와 정부의 관계이다.

이 두 관계 해결을 위해 아우구스투스가 선택한 것은 '군벌' 방식이었다. 그는 우선 가장 부유한 이집트의 재정을 '원수(元首)의 개인 금고'로 몰수했고, 개인 금고의 돈으로 군인의 급여를 지급했다. 병사들

---

102) 黃暉, 『论衡校释』, 中华书局 , 1990년, 1123쪽.
103) 颜师古 주석, 『汉书 』, 中华书局 , 1999년, 248-249쪽.

은 더 이상 여러 장군들의 '개인 군대'가 아니었지만 여전히 황제의
'개인 군대'였다. 이는 두 가지 규칙이 생겨나는 결과를 만들었다. 첫
째, 군대는 급여를 제일 많이 주는 사람에게 속한다. 둘째, 황제가 급
여를 지급하지 못하면 급여를 지급할 수 있는 사람을 황제로 앉힌다.
이런 규칙 아래의 평화는 아우구스투스 이후 50년 동안만 지속되었
다. 서기 68~69년의 내전에서 지방 군벌들은 분분히 수도로 달려가서
황권 쟁탈에 참여했고, 각 군단 통수들은 여러 차례 군사를 일으켜 중
앙정권을 장악했다. 통계에 따르면 아우구스투스에서 콘스탄티누스
까지 364년 동안 평균 6년에 한 번 꼴로 황제가 교체되었다. 그중
39명의 황제가 근위군과 군대의 손에 죽었다. 이는 전체 황제의 70%
에 달했다. 12명의 황제만 자연사했는데 이는 전체의 20%에도 못 미
쳤다.

　먼저 이탈리아 본토 병사들이 주축이 된 중앙 금위군이 황제를 조
종했다. 합법적인 계승자는 금위군에 뇌물을 주어야 즉위할 수 있었
다. 일단 금위군이 보수에 만족하지 못하면 죽이고 다른 사람으로 바
꿨다. 결국 군영 앞에서 황위를 '경매'하고 재벌과 원로들이 경쟁적
으로 호가하는 양상으로 발전했다. 서기 193년에 율리아누스가 승리
하여 황제가 되었는데 66일 만에 살해되었다.[104]

　중앙의 금위군을 제압한 것은 국경의 군벌이었다. 변강 행성 총독
으로 가업을 일으킨 세베루스 왕조는 이탈리아 본토 병사를 해산하고
외성 군대를 이끌고 로마를 점령했다. 그들은 로마의 귀족과 재벌을
학살하고 몰수된 자산을 가져와 군비를 지급했다. 군대의 급료는 두

) Cassius Dio, The Roman History:The Reign of Augustus, lxxiv, 17.5, Penguin, 1987.; Historia Augusta, Volume I, Didius Julianus, 8.8, translated by Magie,D., Harvard: Harvard University Press, 1921.

배로 늘었지만 욕심은 끝이 없었고, 결국 세베루스 왕조도 자기 군대에 의한 암살(서기 235년)로 멸망했다. 이후 로마에서는 50년 동안 23명의 황제가 등장했는데, 다들 1년도 안 되어 병란으로 사망했다.

로마제국 말기에 경제가 붕괴되고 풍부한 급여가 지급되지 못하자 로마인들은 더 이상 군대에 가려고 하지 않았다. 따라서 게르만족 용병을 고용해 '집을 지키게' 되었고, 이후 제국의 운명은 야만인 용병대장의 손에 달렸다. 결국 로마를 점령한 것은 바로 이런 용병이었다. 타키투스의 말처럼 "로마제국의 비밀은 황제의 운명이 사실상 군대의 손에 달려있다는 것에 있었다."

로마는 왜 군인의 국정 농단을 통제할 수 없었을까? 제일 중요한 이유는 로마에는 기층 정권이 없고 군대가 많은 정권 기능을 대행하고 있었기 때문이었다. 총독들은 군대에 의존해 치안과 세수를 유지했고 거둬들인 세금은 다시 군인의 급여로 변했다. 이렇다 보니 중앙을 대표해야 할 총독이 지방 군벌을 대표하게 되었다. 반면에 진 · 한의 군대는 세금을 걷을 수도, 민정을 관리할 수도 없었다. 완벽한 문관제도의 보장 아래서 군대는 전시에는 병사로 되었다가, 전후에는 농민으로 복귀했기 때문에 로마군대처럼 고착화된 이익집단으로 변하지 않았다.

두 번째 중요한 이유는 로마 군인의 '국가 의식'에 문제가 있었기 때문이었다. 몽테스키외는 "군대가 로마에서 너무 멀리 떨어져 있어서 로마를 잊었다"고 말했다. "군단이 알프스를 넘고 바다를 건넜을 때 병사들은 수많은 전투에서 그들이 정복한 곳에 머물러야 했고, 그래서 그들은 점차 공민으로서의 정신을 상실해 갔다. 군대와 왕국을 장악하고 있던 장군들은 스스로 힘이 세다고 느껴져 더 이상 남의 말을 들으려고 하지 않았다. 그러자 병사들은 자신들의 장군만 인정하기 시작했고, 자신들의 모든 희망을 장군에게 걸었으며, 로마와의 관계도 소원해졌다."[105]

그러나 중국은 전혀 달랐다. 한나라와 서역(西域)은 만 리나 떨어져 있었고, 그 사이에는 세계에서 두 번째로 큰 유사(流沙) 사막(물처럼 움직이는 사막)까지 가로막고 있었다. 그러나 반초(班超)는 천여 명의 군대만으로 뛰어난 외교·군사적 지혜를 발휘하여, 서역 여러 나라의 수십만 군대가 포위하는 가운데서도 서역도호부(西域都护府)를 재건하고 실크로드를 뚫었다. 서역의 여러 나라와 이웃한 쿠샨왕조 등은 모두 반초 한사람만을 감탄하면서 신뢰했다. 따라서 그는 충분히 스스로 할거할 수 있었다. 하지만 반초는 한나라를 위해 30년 동안 서역을 다스렸고, 죽어서 고향에 묻히고 싶다는 소박한 요구밖에 제기하지 않았다. 그의 성과는 정치적으로 극히 어려운 상황에서 이루어진 것이었다. 그의 친형 반고(班固)는 사마천(司马迁)과 어깨를 나란히 하는 유명한 역사가였는데, 외척인 두헌(窦宪)을 따라 북흉노를 몰아내고 『연연산명(燕然山铭)』을 초안했지만, 나중에는 두헌의 사건에 연루되어 61세의 나이로 옥사했다. 이때 반초는 서역에 고립되어 있었는데, 앞에는 아직 평정하지 못한 적이 있었고, 뒤에는 예측할 수 없는 정치적 위험이 도사리고 있었다. 그렇지만 그는 형의 일로 불평하지 않고 힘겨운 싸움을 지속한 끝에 마침내 서역의 50여 개 나라를 모두 한나라에 귀속시켰다. 나중에 반초는 병이 깊어지자 수차례 글을 올려 한나라 땅으로 돌아가게 해달라고 애원했지만 한강에다 돌던지는 격이었다. 결국 그의 여동생 반소(班昭)가 다시 글을 올려 사

---

105) 몽테스키외 지음, 婉玲 역, 『罗马盛衰原因论』, 商务印书馆, 1962년, 48-49쪽.

정해서야 겨우 죽기 한 달 전에 한나라 조정으로 되돌아올 수 있었다. "그나마 살아서 옥문관(玉門關)[106]을 넘었던 셈이다." 양한(兩汉)에는 위청(卫青), 곽거병(霍去病), 마원(马援), 두융(窦融) 등 반초와 같은 장군이 많았다.

〈설명〉: 대형 연극 「한후반초(汉侯班超)」는 신장(新疆) 카스지역의 소륵(疏勒)현에서 공연되었는데, 이 극은 서기 1세기 한나라의 제후 반초(班超)가 36명의 용사를 거느리고 통일과 민족 단결을 촉진한 위대한 업적을 노래하였다.

흥미롭게도 반초가 권력을 내려놓고 고향으로 돌아가게 해달라고 요청한 시점이 로마 변방의 군벌들이 처음으로 중앙정권에 개입한 시기와 거의 같은 시기였다. 로마 군인이 정치에 간섭할 수 있었던 이유는 로마 황권은 "상대적인 전제정치"였기 때문이고, 한나라의 황권은 '절대적인 전제정치'라 군인이 반정을 꾀할 수 없었다고 하는 사람도

---

106) 옥문관(玉門關): 만리장성의 서쪽의 끝으로 둔황시의 서북쪽으로 98km 떨어진 곳에 위치해 있는데, 실크로드의 중요한 관문 역할을 했던 곳이다.

있다. 그러나 사실은 그렇지 않다. 동한 말기 천하가 혼란스러울 때 명장 황보숭(皇甫嵩)은 군대를 일으켜 난을 평정해 전공을 세웠다. 당시 황제가 유약했고 간신들이 정권을 장악한 상황이라 누군가 황보숭에게 이 틈을 타서 병사를 보유해 만일의 사태를 대비해 자기를 보호할 것을 권유했다. 그러나 그는 결연하게 병권을 내놓았다.

황권이 강제력이 없는데도 황보숭 등 군인은 왜 규칙을 준수했을까? 이는 그들이 스스로 국가질서에 복종하는 책임 의식이 있었기 때문이다. 중국에는 번진(藩鎮) 할거와 군벌의 혼전이 있었지만 주류가 되진 않았다. 중화문명의 대통일 정신은 선비의 풍모를 지닌 무장인 '유장(儒將)' 전통을 낳았다. 법가 체계와 유가 의식이 같이 힘을 발휘하는 상황에서 고대 중국은 문관이 군대를 통제하여 장기적인 안정을 보장하였다. 비록 때때로 반복되기는 하지만, 결국 점차 체제로 굳어지게 되었다. 해외 한학자들은 "문관의 군대 통제"를 중화문명의 또 다른 중요한 특징으로 인정하고 있다. 키케로의 "무(武)는 문(文)에 복종해야 한다."는 이상은 결국 중국에서 실현된 셈이다.

〈설명〉: 허톈(和田) 박물관에 소장된 한나라 때의 나무무늬. 윗부분은 한 사람이 코끼리를 이끄는 장면이고, 아랫부분은 뿔이 달린 용의 머리를 한 괴수의 형상이다. 따라서 당시 남아시아·서아시아와 활발한 문화교류가 있었음을 알 수 있다.

제 6 장   기독교

제1절   '하나님의 나라'와 '땅의 나라'

서로마제국의 마지막 150년 동안 국교는 기독교였다.

원시 기독교는 중동지역의 팔레스타인에서 생겨난 '어부와 농민'들의 소박한 종교였다. 이들 하층 빈곤민은 로마의 여러 행성(行省)들이 신경 쓰지 않았던 계층이었고, 라틴어를 전혀 접해보지 못한 사람들이었다. 이들 기독교인들도 로마에 신경 쓰지 않았다. 그들은 '하나님의 나라'에 속한 형제들이었지 '땅의 나라'의 공민은 아니었다. 그들은 병역을 거부하고, 공직을 마다했으며, 로마의 다신교 제사와 황제의 조각상에 절하는 것을 거부했다.

로마 본토의 다신교는 도덕규범이 엄격하지 않아[107] 로마 사회의 타락을 막을 수가 없었다. 로마의 타락은 부유함에서 비롯되었다. 무절제한 개인 향락은 사회풍조가 되었고, 혼인과 가족의 책임은 전면 와해되었다. 급기야 국가는 입법으로 독신자에게 중징계를 내리고, 공무원 승진으로 결혼 내 자녀 출산에 대해 포상을 했다. 다신교는 종

---

107) 아우구스티누스 지음, 王曉朝 역, 『上帝之城』, 人民出版社, 2006년, 53쪽.

교에서 오락으로 바뀌었고[108], 부잣집은 돈을 내어 신에게 제사를 지내고, 민중은 거기에 참여하여 즐겼다. 일이 있으면 신에게 빌고, 일이 없으면 그냥 즐겼다.

로마가 타락할수록 기독교는 더욱 고상해졌다. 로마는 빈민층을 모른 척한 반면, 기독교 신자들만 고아와 노인을 돌보았고, 빈민을 방문해 그들의 목소리를 들었으며, 역병으로 숨진 사람들을 묻어주었다. 점차적으로 평민뿐 아니라 이상을 추구하는 사회 엘리트들도 기독교를 믿기 시작했다. 서른 살에 이탈리아 총독으로 부임한 귀족 암브로시우스는 기독교 신자가 되자 관직을 버리고 가산을 털어 가난한 사람들과 교회에 나눠줬다. 이탈리아의 부유한 상인 집에서 태어난 귀공자 프란체스코는 가산을 팔고, 거친 가운을 입고, 맨발로 돌아다니며 성금을 모았다. '프란체스코 수도회'는 이렇게 생겨났다.

다신교는 종교적인 느슨함을 자랑으로 여겼다. 판테온[109]에는 만 명의 신들이 모셔져 있었는데, 서로 다른 신들에게 올리는 제사는 각자가 주관했다. 따라서 다원적이었지만 일체성이 부족했다. 기율이 엄격한 기독교는 변방도시와 야만족 지역에서 기층조직을 구성했고, 군대와 궁정에서도 신자가 늘어나 로마 체제 안에서 강력한 '보이지 않는 국가'를 형성해 나갔다.

로마의 집권자는 기독교의 강력한 조직력과 정신력에 공포를 느끼고 300년 동안 박해를 가했다. 서기 313년 콘스탄티누스 1세는 유화책으로 돌아서 기독교를 합법적인 종교로 인정하고 주교에게 사법권까지 부여했다. A.D 392년, 테오도시우스 1세는 기독교를 국교로 공

---

108) 테오도어 몸젠 지음, 李稼年 역, 『罗马史』, 商务印书馆, 2017년, 184쪽.
109) 판테온 : B,C 27년에 로마의 신들을 모시기 위하여 세운 신전.

식 확정하고 다신교의 신전을 허물어버렸다.

〈설명〉: 로마의 판테온

　로마는 왜 기독교를 '국교'로 삼았을까? 하층민과 병사들의 지지를 얻기 위해서라고 하는 사학자도 있고, 일신교가 절대 황권 수립에 더 유리하기 때문이라고 하는 사학자도 있다. 이유가 어찌됐든 로마 황제들의 바람은 모두 물거품이 되었다.

　콘스탄티누스 1세가 기독교를 합법화하고 40년이 흐른 뒤(서기 354년) 로마의 북아프리카 행성 누미디아의 로마 관리 집안에서 한 아이가 태어났다. 이 아이는 로마 엘리트 양성 과정에 따라 라틴어·그리스어·웅변술·철학을 체계적으로 공부했고, 특히 베르길리우스의 서사시와 키케로의 정론에 심취했다. 그는 처음으로 『성경』을 읽었을 때 단순하고 소박한 문장에 "이 책은 키케로의 우아한 문장에 비해 정말 보잘것없다."고 폄하했다.[110] 그는 신플라톤주의를 깊이 연구했고 마니교를 잠시 신봉하기도 했다. 그의 사생활도 당시 로마의 트렌드에 걸맞다. 젊은 나이에 밑바닥 하층 여자와 혼외로 사생아까지 낳았으니 말이다.

30세가 되던 해, 그는 로마 궁정의 공공 연설가가 되어 황제를 칭송하고 정책을 선전해 그리스 로마 고전문명의 '불꽃 전승자'라고 불렸다. 그러나 풍족한 생활, 자유로운 사상, 여유로운 환경, 지극히 낮은 개인의 도덕기준은 그의 마음속 깊은 곳의 결핍감을 채워주지 못했다. 그래서 다시 『성경』을 읽었고 형언할 수 없는 '신의 계시의 순간'을 경험했다. 그가 바로 기독교의 가장 위대한 신학자 '아우구스티누스'이다. 그는 자기가 배웠던 그리스와 로마의 지식을 동원해 기독교의 원시 교의를 방대한 신학체계로 발전시켰으며, 원죄, 신의 은총, 예정설, 자유의지 등 사상을 기독교 철학으로 집대성했다.

고전문명의 '불꽃 전승자'라고 불렸던 아우구스티누스가 유턴하여 그리스와 로마를 청산하는 길에 나섰다. 한때는 키케로의 정론에 감복했던 그는 귀의한 뒤로는 키케로를 '반쪽짜리 철학자'로 몰아붙였다. 한때는 베르길리우스의 서사시를 위해 눈물을 펑펑 흘리며 '우리의 시인'으로 불렸던 그는 귀의한 뒤로는 '그들의 시인'이라고 힐난했다. 한때는 『아이네이스』[111]에 등장하는 영웅일화에 잠을 이루지 못하던 그는 귀의한 뒤 로마의 조상인 아이네이스가 트로이의 폐허에

---

110) 아우구스티누스 지음, 周士良 역, 『忏悔录』, 商务印书馆, 1996년, 41쪽.
111) 『아이네이스』: 로마 최고의 시인이라 불리는 베르길리우스의 대표작이자 마지막 작품으로, 그가 생의 마지막까지 11년간 집필한 대서사시이다. 〈아이네이스〉란 〈아이네아스의 노래〉라는 뜻으로, 희랍군에 패하여 멸망한 트로이아의 영웅 아이네아스가 새로운 나라를 건국하라는 신탁을 받고 백성들과 함께 방랑하면서 파란만장한 모험 끝에 라티움 땅에 로마의 기초를 세우게 되는 내용을 담고 있다. 로마 건국의 역사와 신화를 다룬 서사시로서, 오늘날까지 라티움어(라틴어)로 쓰인 가장 위대한 문학 작품으로 사랑받고 있다. 호메로스의 『일리아스』, 『오뒷세이아』와 더불어 서양정신의 원류를 형성한 대표 고전이며, 단테의 『신곡』을 읽기 전 꼭 읽어 봐야 할 작품으로 손꼽히기도 한다.

서 구해 온 조상신(祖先神)이 트로이조차 보호하지 못하는데 어떻게 로마를 보호할 수 있겠는가고 말했다.

서기 410년 서고트족의 수령 알라리쿠스가 로마를 함락시키고, 3박 3일 동안 약탈을 감행했다. 이 사건은 '영원한 도시의 함몰' 이라고 불렸다. 뒤이어 로마인들 사이에서 로마가 외래 기독교를 받아들여 '벌' 을 받은 것이라는 말이 퍼졌다. 이에 아우구스티누스는 분연히 떨쳐 일어나 『신국론』을 써서 반박에 나섰고 로마 문명을 철저하게 부정했다. 그는 로마를 건설한 로물루스가 형제를 죽이고 부정을 얻었기에 애초부터 패망의 씨앗이 뿌려졌다고 하면서, 로마의 태양신·전쟁의 신·미의 신은 로마인의 도덕적 해이를 막지 못했고, 야만족의 침입을 막아내지 못해 아무런 쓸모도 없다고 했다.[112] 그는 키케로의 『국가론』을 인용하여, 로마는 정의를 실현한 적이 없고 '공민의 사업' 을 실현한 적이 없기 때문에[113] 공화국이 아니라 그저 거대한 '도적무리' 에 불과하다고 질책했다.[114] 그는 심지어 초기 로마 전사의 '애국이 영광' 이라는 정신을 부정하면서 모든 영광은 신에게 돌아가야 한다고 주장했다. 또 로마 초기의 절제·신중·인내조차 미덕이 아니라 기독교의 믿음·희망·사랑만이 미덕이라고 했다.

아우구스티누스는 결말에서 로마의 함락은 자업자득이며 기독교 신자의 마지막 희망은 '하나님의 나라' 라고 했다.

---

112) 아우구스티누스 지음, 王曉朝 역, 『上帝之城』, 人民出版社, 2006년, 79쪽.
113) 위의 책, 76-77쪽.
114) 위의 책, 144쪽.

제2절 '국가의 악'과 '국가의 선'

아우구스티누스는 왜 로마를 '도적무리'라고 불렀을까? 로마제국
이 '지주회사'처럼 조직된 점이나, 200년 동안 난립한 중앙정권, 상류
층 엘리트의 하류층 포기 등을 고려할 때, 아우구스티누스가 후기 로
마를 '도적무리'라고 표현한 것은 전혀 일리가 없는 것은 아니다.

중국인의 관점에서 보면 로마가 아무리 나빠도 모국이다. 국가가
부패했다면 제도를 개혁해 정신을 바로 세우면 되지 않을까? 외부의
다른 민족에게 침략당하면 일단 먼저 나라를 구해야 하지 않을까? 어
째서 국가 개선이라는 책임을 다하기도 전에 모국을 버릴 수가 있단
말인가? 기독교는 로마의 국교가 됐지만 로마와 운명을 같이하지는
않았다.

이는 한(汉)나라와 로마의 또 하나의 다른 점이다. 한나라 유가정치
의 도덕윤리에 따르면 "홀아비와 과부, 고아와 자식 없는 노인을 돌보
는 것"은 정치가의 당연한 책임이었다. 또한 한나라가 취한 법가의 기
층 통치도 '지주회사'보다는 훨씬 우위에 있었다. 따라서 엘리트이든
일반 백성이든 종래 "국가는 정의롭지 않은 도적"이라고 생각하지는
않았다. 이는 설교만으로 되는 게 아니다. 현실에서 '좋은 나라'를 만
나야 백성들의 마음속에 남을 수 있는 것이기 때문이다.

중국에서는 로마처럼 일신교가 발전하기 어려웠다. 유교 신앙은 천
리와 인륜을 아우르고, 문관 조직은 엘리트와 인민을 관통해 로마와
같은 일신교의 공간을 남기지 않았기 때문이다. 더 중요한 것은 유가
는 귀신을 공경하면서도 멀리 했고, 인문이성으로 나라를 세웠다는
점이다. 중국문명은 종교를 근간으로 삼지 않은 보기 드문 고대문명

이다. 중국에 유입된 외래 종교는 배타성을 버리고 국가 질서와 조화롭게 어우러져야 했다. 기독교가 로마에 유입된 비슷한 시기에 불교가 중국에 유입되었다. 300년 후 오호(五胡)가 중원에 진입했다. 북방의 호족(胡族)정권은 대부분 불교를 신봉했지만, 모든 호족 제왕들은 스스로 중원지역의 유학(儒学)을 공식 이데올로기로 선택했고, 모두 자발적으로 화하(华夏)의 정통을 쟁취하였으며, 아무도 불교국가로 변모하지 않았다. 중국은 불교에 대해 로마가 기독교에 했던 것처럼 학살이나 진압을 하지 않았고, 전면적으로 받아들이지도 않았다. 나름의 방식으로 흡수·소화해 중국문화와 융합시킴으로써 '선종(禅宗)'을 만들어냈다.

중국에서는 또 아우구스티누스와 같은 종교가가 나오기도 어려웠다. 기독교의 '하나님의 나라'는 속세에서 벗어나 존재할 수 있었지만, 중국의 천도(天道)는 속세에서 실현해야 했기 때문이다. 유가의 엘리트들은 종교가 국가보다 크다는 것을 인정하기 어려웠고, 오히려 국가가 어려울 때 '은둔'하는 것을 '비의(非义)'라고 생각했다. 유가 사상과 국가의식이 하나로 융합되었기 때문이다. 유가의 '교회'는 국가 그 자체였다. 유가정신이 스며들면서 중국화된 종교는 '국가 가치'에 대해 깊이 공감했다. 도교는 천하태평의 이상이 있었고, 불교 역시 정치가가 국가를 잘 통치하는 업적이 고승의 공덕에 결코 뒤지지 않는다고 생각했다. 철학 분야에서 기독교 이전의 그리스철학은 개체도 있고 전체도 있었지만, 중세라는 1,000년 동안의 신권 압제를 거치면서 서양철학은 '개체 의식'과 '전체에 반항'하는 것에 집착하게 되었다. 반면 중화문명은 신권의 압제를 받지 않았기 때문에 중국 철학은 개체 의식에 대한 집착이 없었고 전체의 질서에 더 관심을 가졌다.

<설명> : 허난(河南) 뤄양(洛阳) 백마사(白马寺)는 불교가 중국에 전래된 후 관청에 의해 건립된 최초의 사찰로, 지금까지 1900여 년의 역사를 가지고 있으며, 불교 '석원(释源)', '조묘(祖庙)'라는 별칭을 가지고 있다.

기독교와 로마가 분리된 이후 남은 로마 지식인들은 더는 베르길리우스나 키케로를 외우지 않았고, 검술과 『성경』이 그 자리를 대신했다. 주교는 지위와 권력을 얻기에 합당한 자리가 되었다. 로마의 지방 귀족들도 '로마의 광복'을 추구하지 않고, 그 자리에서 새로운 봉건 지주로 전환했다. 결국 로마 문화는 극히 일부만이 계승되었고, 로마 이후로 더 이상 로마는 없었다.

중국 동한 말기의 대란은 로마에 뒤지지 않았다. 상층부에서는 환관과 외척, 간신들이 번갈아 권력과 투쟁을 벌였고, 기층에서는 백만 명의 황건군(黃巾軍)이 봉기를 일으켰다. 이때 조정에는 양진(杨震), 진번(陈蕃), 이응(李膺), 이고(李固), 범방(范滂) 같은 의로운 선비들이 있었다. 이들은 자신의 안위를 고려하지 않고, 어두운 밤의 점점의 등불처럼 외로이 빛을 내다가 생을 마감했다. 초야에서도 늘 도원결의(桃园结义)의 유관장(刘关张, 유비·관우·장비) 같은 사람들이 나타나 국가의 흥망에 필부의 책임을 다했다. 그들은 영원히 나라를 버리지 않았고 영원히 도의를 버리지 않았다. 이들은 중국 사민(士民)의 주류를 이루고 있다. 역사적으로 많은 혼군(昏君, 어리석은 군주)과 난신들이 나타났지만 이 주류를 차단한 적은 없었다. 이 주류는 비록 한나라의 멸망의 결과를 바꾸지는 못했지만, 시종 하나의 가치관을 추켜올렸고, 천하를 쟁탈하는 모든 사람들이 이 가치관을 지켜야 했다. 사민의 신앙이 오히려 영웅의 선택을 강요한 것이다.

중국 철학이 서구와 같은 독립·자유를 낳지 못한 것은 정치의 현대화를 가로막는 정신적 결함이라고 말하는 사람도 있다. 사실상 현대 서양정치에서 "국가를 악으로 삼는 소극적인 자유" 정신은 계몽운동에서 온 것이 아니고, 기독교의 '하나님의 나라'와 '땅의 나라'의 분리에서 비롯되었다. 기독교는 '로마 국가'를 악으로 봤다. 이후 천주교도 '악'이라고 여겨져 종교개혁의 대상이 되었다. 하나님 외에 '인간은 모두 죄인'인 속세에서는 '인간'이 만든 조직이 다른 인간을 이끌 자격이 없는 것이다. 존 로크의 사유재산권을 보호하는 '유한정부(有限政府)'[115]에서, 루소의 공공의지를 기반으로 한 '사회계약 정부'까지, 다시 아담 스미스가 '야경꾼' 역할만 해야 한다고 했던 정부까지 모두 '국가의 악'을 예방하기 위한 것이다.

반면 중화문명은 '국가의 선'을 믿었다. 유가는 인간에게는 선과

---

115) 유한정부 : 정부 자신이 규모·직능·권력·행위방식 상에서 법률과 사회의 엄격한 통제와 제약을 받는 정부를 말한다.

악이 있어 어질고 재능이 있는 사람을 본받으려고만 하면 자기 개선
을 통해 더 나은 국가를 건설할 수 있다고 보았다. 한나라가 유가와
법가를 병행한 이후 태평성세가 이어졌고, 이는 자국인의 기억과 '좋
은 국가'로 전환하겠다는 신념을 통해 역대왕조와 시대에 면면히 계
승되었다.

맺 음 말

여사면(吕思勉)은 "진·한의 시대는 고금의 변화를 이루는 키포인트"라고 했다. 이에 대해 예찬자는 "봉건에서 군현(郡县)으로의 진보"라고 칭송했고, 훼방자는 "동양 전제주의의 시작"이라고 폄훼했다.

"동양 전제주의"라는 개념은 원래 아리스토텔레스가 정의했는데, 군주가 인민에 대해 주인 대 노예처럼 함부로 처단할 수 있는 무한한 권력을 가지고 있으며, 어떠한 법률도 따르지 않아도 된다는 것이다. 그러나 당시 그리스·로마에서 본 동쪽은 이집트 페르시아에 국한되었고, 중세유럽에서는 인도·몽골에 국한되어, '동방의 동쪽'인 중국에 대한 인식이 거의 없었다. 아리스토텔레스가 '전제'를 정의하기 20여 년 전(B.C 350년)에 중국의 상앙 변법은 '제민편호(齐民编户)' 116)의 군현제도를 실현했다.

유럽에서 중국을 처음 알게 된 것은 명·청 때 중국에 다녀온 선교사들이 가져온 정보를 통해서였다. 그때 잠깐 '중국 붐'이 불기도 했다. 베르사유 궁전의 무도회에서 법왕은 중국 복장을 했고, 센 강 주변의 민중은 그림자극을 봤으며, 숙녀는 금붕어를 기르고, 부녀는 가마를 탔다. 이로 인해 두 파벌의 논쟁이 격화되기도 했다. 하나는 볼

---

116) 제민편호 : 전국시기의 진나라에서 시작한 것으로 나라와 군주가 호(户)를 단위로 해서 인민을 장악하기 위해 편 정책.

테르를 대표로 하는 '숭화파(崇华派)' 다. 볼테르는 자신의 서재를
'공묘(孔庙)' 라 부르고 자신의 필명을 공묘대주지(孔庙大主持)라 했
고, 라이프니츠는 중국의 "과거제도를 통한 선비 선발"이 플라톤의
"철학왕이 나라를 다스려야 한다."는 것과 유사하다고 생각했으며,
케네는 "중국의 제도는 현명하고 확고부동한 법 위에 세워졌으니 황
제도 신중하게 지켜야 한다."고 주장했다. 다른 하나는 몽테스키외를
필두로 한 '폄화파(贬华派)' 다. 이들은 법왕의 '절대 왕권' 을 에둘러
비난하기 위해, 중국을 동양적 전제의 전형으로 만들었다. 같은 군주
제라도 서양인은 '군주제(monarchy)' 라고 부르지만 중국인은 '전제
(despotism)' 라고 부를 수밖에 없는데, 이는 유럽 군주제는 귀족과 교
회의 제약이 있는 반면 중국은 그렇지 않기 때문이라고 했다. 하지만
이들은 중국의 군주를 제약하는 것은 방대한 문관체계("황권과 사대
부가 함께 천하를 공유하는 것")라는 것을 이해하지 못했고, 상권분치
(相权分治)[117] · 행봉박사(行封驳事)[118] · 사관감독(史官监督) · 언관
간의(言官谏议)[119]와 같은 제도의 설계를 이해하지 못했다. 문관제도
와 기층정권은 중국이 서양의 통치체계와 근본적으로 다른 점이다.
몽테스키외는 중국과 타타르(鞑靼) 제국을 아울러서 '동양 전제' 로
분류해 비판하면서, 서양의 군주 폭정이라도 '동양 전제' 보다 훨씬
낫다고 했다.[120] 헤겔은 동양에서 시작해 서양으로 끝나는 역사관을
발명했는데, 동양은 자연히 낙후 · 정체 · 노역으로 대변되고, 서양은

---

117) 상권분치 : 권력을 나누어 다스리는 것.
118) 행봉박사 : 대신이 황제의 지시에 대해 조사를 행하여 규정에 부합되지 않는 곳을 발견하면 수정하라는
    의견을 제출하고 심지어 조서를 철회하거나 잘못에 대해 반박하기도 하는 것.
119) 언관간의 : 언관이 황제에 대해 간언하는 것.
120) "타타르인들은 정복당한 나라에 노예제와 전제주의를 세웠고, 고트인들은 로마제국을 정복한 뒤 여기저
    기서 왕정과 자유를 세웠다." 몽테스키외 지음, 张雁深 역, 『论法的精神』(上册), 商务印书馆 , 1959년,
    331쪽.

자연히 진보·자유·문명으로 대변된다는 것이다. 중국에 대해 평가한 이들 '거장'들은 선교사로부터 들은 것 외에 중국에 온 적도 없고, 중국어를 아는 사람도 없으며, 중국어로 중국사를 연구한 사람은 더더욱 없다. 심지어 '동양문명'이 몇 종류인지도 정확히 알지 못한다. 그런데도 이들의 중국 정치체제에 대한 일지반해[121]를 적지 않은 중국인들이 진지하게 받아들이는 것은 안타까운 일이다.

'동양 전제'라는 맥락 외에도 거장들의 중국에 대한 오판은 많았다. 예를 들면 막스 베버는 중국을 '가산관료제(家产官僚制)'라면서 관료들은 모두 군주의 가신이고, 중국은 통일된 재정체계를 구축하지 못했으며, 선비들이 과거시험을 통해 관료로 되는 것은 '관직봉록(官職俸祿)'에 대한 투자이고, 이들은 나중에 '징세청부인'이 되어 규정된 할당액만 정부에 바치고 나머지는 자기 주머니에 챙긴다는 것이다. 이는 기본적인 역사적 사실에 부합하지 않는다. 한나라 때부터 재정은 국가재정(대사농(大司农))과 황실재정(소부(少府))으로 나뉘었고 황제는 종래 사비로 녹봉을 지급하지 않았고 관료도 황제의 가신이 아니었다. 진나라 때부터 조세는 현·향(县乡)의 말단 세리(税吏)에 의해 이루어졌고, 대일통 왕조시대에는 '징세청부인'이 존재한 적이 없었다. 막스 베버가 묘사한 장면은 로마황제와 가신·군대·'징세청부인'의 관계였다. 이런 오판에 대해 중국 사학자들은 말하고 싶어도 할 곳이 없었다. 서양에서 중국의 목소리를 진지하게 경청하는 경우가 거의 없었기 때문이다. 수백 년의 현대화는 시종 서구 중심이었고, 중국은 줄곧 개조되고 교육되는 변두리에 놓여 있었다. 오늘날

---

121) 일지반해(一知半解) : 하나쯤 알고 반쯤 깨닫는다는 뜻으로, 많이 알지 못함을 이르는 말.

서양이 중국에 주목하는 것은 중국이 산업화에 성공했다는 사실을 뒤돌아보기 위해서일 뿐이다.

우리는 서구 중심주의 각도에서 자신을 인식해서는 안 된다. 중국의 근대 이래 많은 개혁자들도 '자유'와 '전제' 사이에서 고뇌하고 있다. 예를 들어 양계초(梁启超)는 무술변법이 실패한 후 선후로 『의토전제체격(拟讨专制体檄)』과 『중국전제정치진화사론(中国专制政治进化史论)』을 써서, "정체(政体)를 독점하는 자는 우리 세대의 공공의 적이다."라고 하며 인민들에게 "파괴하고 분쇄하라."고 호소하면서도, 한편으로는 중국의 과거제와 군현제는 황제와 평민이 손잡고 문벌세가와 제후 번진으로부터 치권을 빼앗는 긍정적인 면이 있어 유럽 귀족의 봉건역사와 전혀 다르다는 것을 인정했다. 이후 미국을 방문해 시어도어 루스벨트 대통령의 해군력 확충을 위한 두 차례의 연설에서 "중국은 이미 늙고 죽어가고 있기에 유럽 열강들은 동아시아 대륙에서 세력을 떨치고 있으며, 따라서 미국도 동시에 판도를 넓힐 수 있다."는 말을 듣고 밤새 잠을 이루지 못했다.(『신대륙 여행기』, 1903년) 양계초는 또 『개명전제론』(1906)을 써서 중국 고대의 유가·법가·묵가는 모두 '개명전제주의'라고 했다.[122] 유가와 묵가는 민본(民本)을 중시하여 울프와 홉스와 유사하고, 법가는 국본(国本)을 중시하여 보댕과 마키아벨리와 유사하다는 것이었다. 양계초의 모순과 변화는 중국의 많은 지식인들이 한편으로는 서구문명을 빌려 자신을 개조하려 하지만, 한편으로는 서구의 '정글의 법칙'에 공감할 수 없는 고통스러운 심정을 반영하고 있다.

---

122) 梁启超: 지음, 汤志钧·汤仁泽 편, 『梁启超全集』, 제5집, 中国人民大学出版社, 2018년, 297-357쪽.

〈설명〉: 양계초가 원세개(袁世凱)에게 보낸, 황제가 되는 것을 반대하는 편지.

본편의 주제로 돌아가 보자. 진·한과 로마는 서로 다른 두 가지 문명의 길을 걸었으며, 각자 절정과 슬럼프가 있었다. 우리는 남들의 절정으로 자신의 슬럼프를 비교해서도 안 되고, 자신의 절정으로 남들의 슬럼프를 비교해서도 안 된다. 우리는 절정에서 서로의 장점을 발견하고, 슬럼프에서 서로의 단점을 깨닫고 각자의 개선의 길을 찾아야 한다. 중국의 역사는 완벽함과는 거리가 멀다. 그렇지 않았더라면 근대에 와서 참패하지도 않을 것이다. 중국문명은 시대에 발맞추는 능력을 진정으로 구현하기 위해 여전히 변화하고 업그레이드해야한다.

로마의 독특한 가치는 제한된 충돌이 활력을 만든다는 믿음에서 나왔다. 로마의 사학자 린토트는 "이 사회는 가장 유능한 시민들이 넓은 공간에서 자아실현과 위대함을 성취할 수 있도록 허용한다. 이 사회는 또 제한된 영역에서 역동적인 충돌은 창조적일 수 있다는 점을 인정한다."라고 말했다. 로마의 실수는 충돌에 있는 것이 아니라, 충돌이 한계를 잃었음에도 '일체(一体)'를 통해 조절되지 못했다는 데 있다. 그래서 결국은 대분열을 초래한 것이다. '충돌 정치'의 가장 치명적인 문제점은 단합을 위해서는 반드시 외부의 적이 필요하다는 것이다. 서구 사학자들은 로마의 정치제도는 외적을 배척하고, 누구도 따라올 수 없는 우위와 지배에 도달하게 되면, 모든 균형요소가 제 '한계'를 넘어 무너지게 된다고 인정했다. 로마의 쇠락은 카르타고를 꺾고 패주(霸主))가 된 직후부터 이미 시작되었다.

진·한의 독특한 가치는 일체(一体)와 다원(多元)이 공존한다는 데 있다. 일체는 응집을 보장하고 다원은 활력을 보장한다. 일체와 다원을 동시에 유지하는 것은 어렵다. 일체가 다원을 완전히 압도하면 경직이 시작되고, 다원이 일체를 완전히 압도하면 분열이 시작된다. 진나라는 "법가가 모든 것을 압도"하는 바람에 망했고, 서한은 "유가가 모든 것을 압도"하는 바람에 망했다. 어떻게 '일체'와 '다원'을 동시에 다룰 것인가는 중국 정치의 영원한 과제다.

현실세계에서 제도 자체만으로 성공할 수 있는 정치제도는 없다. 제도가 제 역할을 발휘하느냐 안 하느냐는 제도를 운영하는 사람에게 달려 있기 때문이다. 따라서 각 제도의 진정한 생명력은 근본적인 가치를 지키면서도 그 결점을 보완할 수 있는 사람을 끊임없이 배출해낼 수 있느냐에 달렸다. 오늘날은 세계의 다양성을 끌어안으면서도 스스로의 '일체'를 견지하는 청년세대를 만들 수 있느냐가 관건이다.

중국은 유일한 고대문명이 아니다. 다른 고대문명들도 '현대화'와 '자신의 재조명'의 고통에 허덕이고 있다. 그들은 필히 현대화를 완성하고 현대화에 가려진 오래된 가치를 이야기하게 될 것이다. 중국이 서양과 문명의 대화를 완성한다면, 모든 고대문명이 서로 융합하고 공감할 수 있는 지름길을 열 수 있을 것이다.

동양과 서양은 모두 자신의 역사적 유산 위에 서 있기 때문에 누구도 뒤집어엎고 다시 시작할 수는 없는 일이다. 하지만 서로 협의하는 길은 영원히 열려있다.

〈설명〉 간쑤(甘肅) 경내의 한나라 때 장성 유적.

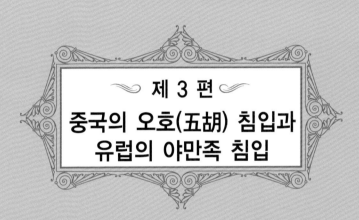

제 3 편

중국의 오호(五胡) 침입과
유럽의 야만족 침입

300~600년 사이에 중국과 로마는 다시 비슷한 역사적 상황에 직면했다. 모두 중앙 정권의 쇠퇴와 함께 주변 민족들의 대규모 충격에 직면한 것이다.

중국에서는 북방에 살던 흉노(匈奴)·선비(鮮卑)·갈(羯)·저(氐)·강(羌) 등 5대 호족이 남하해 수많은 정권을 세웠다. 로마에서는 서고트·동고트·반달·부르고뉴[123]·프랑크·롬바르디아 등 게르만 부족이 물밀듯이 침입해 '야만족 왕국'을 세웠다.

그런데 비슷한 역사적 궤적이 전혀 다른 결과를 낳았다.

중국에서는 오호의 십여 개 정권 중 저(氐)족의 전진(前秦)이 먼저 있었고, 후에 탁발선비(拓跋鮮卑)의 북위가 북방 전체를 통일했다. 한동안 분쟁과 분열을 거듭했지만 결국 내부통합을 이루었으며, 정통이었던 남조(南朝)를 융합하고 진·한(秦汉)의 중앙집권적 최대 규모 국가형태를 계승함으로써, 호(胡)와 한(汉)을 융합한 수당(隋唐)의 대통일왕조의 기틀을 다졌다.

유럽의 경우 여러 야만족 왕국의 수백 년 정벌에서 비록 프랑크 같

---

123) 부르고뉴 : 포르투갈어의 지명으로 프랑스 동부에 위치한 오래된 지역.

은 개별 왕국이 한때 서유럽의 기본 통일을 이루었고, 서로마 제국의 의발을 계승할 가능성이 가장 높았지만, 내재적 분치(分治)의 논리로 인해 결국 여러 개의 봉건국가로 분열되었고, 결국 '보세교회 (普世教会)'를 정신적 통일의 힘으로 삼아 억지로 유지하였다.

이 역사적 갈림길은 중국과 서양이 민족주의적 관념에서 정치제도에 이르기까지 서로 다른 길을 선택했음을 다시 한 번 보여준다. 그중에서도 가장 중요한 것은 문명 논리였다.

제 1 장　　오호가 중원을 침입하다

제1절　남하전쟁

　중국과 로마의 운명은 서기 89년 연연산(燕然山)에서 벌어진 전쟁으로 인해 바뀌었다.

　이 일전 끝에 북흉노는 서유럽으로 옮겨가 훗날 게르만 부족들의 로마 국경 침입의 중요한 추진자가 되었고, 남흉노는 중원으로 남하하여 오호가 중원에 침입하는 선례를 세웠다.

　2017년 중국과 몽골의 고고학자들이 한나라의 반고(班固)가 흉노를 완전히 격파하기 위해 쓴 『연연산명(燕然山铭)』이라는 비명을 발견했다. 대한(大汉) 콤플렉스가 있는 사람들은 종종 '연연륵비(燕然勒碑)' 때문에 '한나라를 범한 자는 아무리 멀리 있어도 반드시 응징할 것이다.(明犯强汉者，虽远必诛)' 라고 환호했다. 그러나 사실은 남흉노의 선우(單于, 흉노의 추장)가 북흉노의 내부 동란을 감지하고 먼저 한나라에 출병을 제의한 것이다.[124] 두헌(窦宪)이 이끄는 4만 6천명

---

　124) 范晔 지음, 李贤 주석, 『后汉书·南匈奴传』, (中华书局), 1965년, 2952쪽.

의 기병 중 3만 명이 남흉노인이었고, 나머지 1만 6천명의 절반은 강인(羌人)이었다.[125] 결국 한나라가 중원으로 남하하던 유목민들을 이끌고 북흉노를 압박해 서쪽으로 이동하게 한 것이다.

이 장면은 후세에도 여러 번 재현되었다. 국제적 돌궐학자들이 시조 문화재로 꼽는 퀼특근비(闕特勤碑)의 돌궐문 편을 보면, 돌궐 칸은 "왜 회흘(回纥)이 당나라와 합작해 자신을 협공하려 하냐고, 왜 초원 민족들은 항상 중원으로 이주하려 하냐고 원망했다.[126]"고 기록되어 있다.

이것은 유목사회가 단결하지 않아서일까? 아니다. 기후적으로 초원에 한파가 올 때마다 북쪽의 유목민들은 남쪽으로 이주하게 된다. 자원의 관점에서 볼 때 초원지역이 수용할 수 있는 인구는 농업 지역의 10분의 1에 불과하다. 따라서 유목민들은 생존을 유지하고 무역을 수행하기 위해서는 어쩔 수 없이 중원에서 곡물, 차, 직물 따위를 얻어야 했다. 주변 민족에 대한 중원의 강력한 매력 중 하나는 선진 농업과 수공업이었다.[127] 더 북쪽의 민족이 서쪽으로 발전해 나가기를 원하는 것과는 달리, 사막남쪽(漠南)의 민족은 중원과 융합하기를 원했다. 이들은 중원과 북중국 경제의 교통망을 공유하고 있어 흉년에 식량을 구하기 쉽고 저렴한 비용으로 무역하기 쉬워 여러 차례 경제사회 공동체를 형성하였다. 그리하여 지리부터 경제, 민속부터 언어, 문화부터 제도까지, 1500년 만에 동북아를 아우르는 정치공동체가 형성되었다.

125) 范晔 지음, 李贤 주석, 『后汉书·窦宪传』, 中华书局, 1965년.

126) 韩儒林, 『突厥文阙特勤碑译注』, 北平国立北平研究院总办事处出版课, 활자본, 1935년.

127) 费孝通, 「中华民族的多元一体格局」, 『北京大学学报(哲学社会科学版)』, 1989년. 4기.

연연산 전쟁이 끝난 후, 남흉노는 한나라 영토 깊숙이 들어가 북방 변군(边郡)에서 유목생활을 하였다. 한나라의 회유정책으로 세금을 내지 않고 군현제의 인구관리를 받게 된 것이다.[128) 오늘날 닝샤 (宁夏), 칭하이(青海), 네이멍구(内蒙), 산시(陕西), 산시(山西)에서 발견되는 남흉노 묘지는 중국식 묘소와 초원의 두제장(头蹄葬)의 풍격이 모두 들어있다. 칭하이에서는 흉노의 수령으로 봉인된 '한흉노귀의친한장(汉匈奴归义亲汉长)'이 출토되었다.[129) 호(胡)와 한(汉)의 문화가 서로 어우러졌음을 알 수 있는 대목이다. 남흉노가 남하하기 전후에 북서쪽의 저강(氐羌), 북동쪽의 선비(鲜卑), 막북(漠北)의 갈인(羯人)들도 중원으로 이주했다. 삼국시대 후기에 중원의 인구가 급감하자 위진(魏晋)은 끊임없이 오호를 귀순시키는 정책을 폈다. 100여 년 동안 중원으로 이주한 오호는 수백만 명에 달했다. 그중 흉노 70만 명, 강인 80만 명, 저인 100만 명, 선비 250만 명 등이 포함되었다.[130) 서진(西晋)의 '팔왕의 난(八王之乱)'[131) 이후 북방의 총 인구는 1,500만 명이었는데 그중 한족은 3분의 1에 불과했다. 어떤 사람들은 '한화(汉化)'를 '동화(同化)'라고 오해하고 있다. '대인종'이 인구수의 절대적인 우세에 의존하여 '소인종'의 생활방식을 변화시켰다는 것이다.[132) 그러나 실제 역사를 보면, 북방의 오호는 군사뿐만 아니라

---

128) 房玄齡 등, 『晋书·四夷列传』, 中华书局, 1984년, 2,548쪽.

129) 1973년 칭하이(青海)성 다퉁(大通)현 허우쯔허(后子河)향 상순자자이(上孙家寨)촌 한묘군 1호분에서 낙타모양의 손잡이를 한 동인(铜印)이 하나 출토되었다. 전서체로 '한흉노귀의친한장(汉匈奴归义亲汉长)'라고 여덟 글자를 음각했는데, 동한(东汉) 중앙정부가 흉노족 수령에게 하사한 관인(官印)으로, 이 중 '귀의(归义)'는 한나라 정부가 통할하는 주변 민족 수령의 봉호이다.

130) 朱大渭, 『十六国北朝各少数民族融入汉族总人口数考』『朱大渭说魏晋南北朝』, 上海科学技术文献出版社, 2009년.

131) 팔왕의 난(八王之乱) : 서진 말기(291~307) 황후 가남풍이 외척 양준을 제거하고자 사마량, 사마위 등 사마씨의 사람들을 이용한 후 권력을 잡고 전횡을 일삼자 이에 반발한 8명의 왕이 반란을 일으켜 내전을 벌인 사건이다

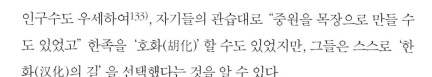

인구수도 우세하여[133], 자기들의 관습대로 "중원을 목장으로 만들 수도 있었고" 한족을 '호화(胡化)' 할 수도 있었지만, 그들은 스스로 '한화(汉化)의 길' 을 선택했다는 것을 알 수 있다.

제2절 한화(汉化)의 길

'한화의 길' 은 남흉노가 열었다.

오호 중 처음으로 왕조를 세우고 한인(汉人) 정권 서진(西晋)을 멸망시킨 것은 남흉노인 유연(刘渊)이었다. 그는 남흉노의 선우 강거(羌渠)의 증손자로 한나라와 흉노가 화친하면서 성을 유(刘)씨로 바꾸었다. 귀족의 자제로서 유연은 진(晋)나라 궁정에서 유학하였는데, 『모시(毛诗)』와 『상서(尚书)』를 읽고 『사기(史记)』와 『한서(汉书)』를 공부하였으며, 『좌전(左转)』과 『손오병법(孙吴兵法)』을 가장 좋아했다. 그는 산시(山西)를 할거하여 황제로 군림했지만, 흉노의 북방 영토를 회복하려 하지 않았고, 오히려 한(汉)을 국호로 삼아 천하를 통일하려 했다. 이를 위해 유방(刘邦)·유수(刘秀)·유비(刘备)의 후예임을 자칭했다. 또한 '한나라의 생질(汉代之甥)' 이라는 신분과 "형이 죽으면 동생이 물려받는다(兄亡弟继)"는 합법성을 설명하기 위해 촉한(蜀汉)의 후주(后主)인 "무능한 아두(扶不起的阿斗)"와 유선(刘禅)까지 위패를 올려 제사를 지냈다.

132) 헬렌·맥길·휴즈, 『Racial and Ethnic Relation』, 보스턴, 홀브룩출판사, 1970년, 117~119쪽.
133) 강통(江统)의 '사융론(徙戎论)에 따르면 관중(关中) 지역의 호(胡)와 한(汉) 인구 비율은 1대 10이며, 동북 지역에서는 호인(胡人)의 비율이 훨씬 더 높다고 한다.

그러나 유연의 정권은 이어지지 않았고, 갈인(羯人) 석륵(石勒)에 의해 멸망했다. 갈인은 "코가 높고 수염이 많은 사카족"의 한 갈래로, 흉노에 종속하여 '별부(別部)'나 '잡호(杂胡)'로 불렸다. 석륵의 출신은 유연과 다르다. 유연은 유목귀족으로 궁궐에 섞여 살았고, 석륵은 노비로 민간을 떠돌았다. 그러나 석륵도 한(汉)의 문화를 좋아하기는 마찬가지였다. 그는 글을 읽을 줄 모르나 '문학을 좋아하여' 남이 그에게 『한서』를 읽어주는 것을 아주 좋아했다. 태자 석홍(石弘)은 그의 영향으로 완전히 선비가 되었다. 그러나 석륵도 성공하지는 못했다. 북방 통일의 대업은 난폭한 후손들의 손에서 망해버렸다. 나중에 조(赵)나라의 폐허에서 모용선비(慕容鲜卑)의 전연(前燕)과 저인(氐人)의 전진(前秦)이 탄생했다.

〈설명〉: 네이멍꾸 후허하오터(呼和浩特)의 북위(北魏) 황가 제사(祭司) 유적은 중원왕조 제사 예제(礼制)와 북방 유목민족 제사 전통을 결합한 것이었다.

오호 정권에서 처음으로 북방을 통일시킨 것은 전진(前秦)의 부견(苻坚)이었다. 전진은 진(秦)나라 관중(关中)의 옛터에서 흥기했는데, 한때 영토는 동쪽으로 창해(沧海)에 이르고, 서쪽으로 구자(龟兹)를 통합했으며, 남쪽으로 양양(襄阳)을 포함하고, 북쪽으로 사막에 닿았

다. 그러나 몇 년 지나지 않아 조급하게 진(晉)나라 정벌에 나서는 바
람에 패망하고 만다. 전진의 '폐허' 위에서 강인(羌人) 요씨(姚氏)의
후진(后秦), 모용선비의 후연(后燕), 흉노 혁련(赫连)의 대하(大夏)가
갈라져 나오게 된다.

혼전 중에 탁발선비(拓跋鲜卑)가 몽골 초원에서 쳐들어와 군웅을
물리치고 나라를 세우는데 국호를 위(魏)라고 정했다. 위나라는 3대
에 걸쳐 열심히 노력하여 백여 년 동안 북방을 통일하게 된다. 북위
(北魏)는 이후 각각 북주(北周)와 북제(北齐)로 발전했고, 북주가 북
방을 통일하고 나중에 수당(隋唐)이 천하를 통일하는 길을 개척했다.

전진과 북위, 이 두 정권은 천하를 통일시키는데 가장 가까웠는데,
한화(汉化) 정도가 가장 높았을 뿐만 아니라 한화 태도 역시 가장 굳
건했다.

부건은 대대로 술을 좋아했던 저인(氏人) 집안에서 태어나 늘 전쟁
터를 주름잡는 호웅(豪雄)이었지만 어려서부터 경사를 잘 읽었다. 즉
위 후 문교를 가장 중시하여 매월 직접 태학에 가서 유생들에게 경의
(经义)를 따져 물었다. 그의 목표는 도덕적으로 주공(周孔)의 미언(微
言)에 빠지지 않고 실천적으로 한(汉)나라의 한무제(汉武帝)와 광무
제(光武帝)를 뛰어넘는 것이었다. 그가 서역을 굴복시켰음에도, 굳이
한혈마(汗血宝马)를 돌려보낸 것은, 한무제가 "한혈마를 얻기 위해
대완(大宛)을 친 것"에 견주어, 자기가 한무제보다 한 수 위라는 것을
과시하기 위해서였다. 그는 한편으로 동진(东晋)을 토벌하면서 한편
으로는 또 조정에서 동진의 군신(君臣)을 위해 자리를 마련하고 저택
까지 지었는데, 이는 "망한 나라를 다시 일으켜 세우는" 주(周)나라의

어진 정치를 본받기 위해서였다. 그는 또 모용선비를 포로로 잡았으
나 죽이려 하지 않았고, 모용위(慕容暐)와 모용수(慕容垂)의 군신을
조정에 입관시켰다. 많은 사람들이 그에게 후환을 미리 제거해야 한
다고 귀띔했지만, 그는 기어이 "덕으로 남을 굴복시키는 모범을 보이
려 했다."[134] 그가 비수(淝水)에서 패전하자 과연 선비족의 호걸들이
반란을 일으켜 후연(后燕)과 서연(西燕)을 세웠다. 인의(仁义)에 대한
부견의 편집중에 가까운 집착은 "강을 건너는 중이던 초나라 군대를
공격하지 않았다가 도리어 크게 패배한" 송양공(宋襄公)이라고 놀림
을 받았다.

전진(前秦)은 '과도한 한화(汉化)' 때문에 망했다고 보는 시각도 있
다. 하지만 그 후의 북위(北魏)는 북방을 통일한 뒤, 전진보다 더 철저
한 '한화'를 추진했다. 도무제(道武帝) 탁발규(拓跋珪)는 "나라를 다
스리는 도는 문무 겸용에 있다.(为国之道, 文武兼用)"고 말했다. 태무
제(太武帝) 탁발도(拓跋焘)는 한인(汉人) 사족(士族)을 대거 중용했
다. 하서(河西)의 학자들을 수도 평성(平城, 지금의 산시[山西] 대동[大
同])으로 이주시키고, 선비족의 자제들은 모두 유가의 경전을 배우게
했다. 효문제(孝文帝) 탁발굉(拓跋宏)은 더욱 '체제적인 한화'를 했
다. 그는 낙양(洛阳)으로 천도하여 양진(两晋)과 남조(南朝) 관제를
모방했다. 그는 선비족들에게 문벌을 정하게 했으며, 한족의 성을 따
르고 한어(汉语)를 쓰도록 했다. 또 자신이 앞장서서 동생들을 한족의
사족(士族)과 통혼시켰다.

북위가 북방을 통일할 수 있었던 것이나 북주(北周)와 수(隋)나라가
전국을 통일할 수 있었던 것은 그들이 한족의 관습을 따르고 한족의

134) 房玄齡 등, 『晋书』, 中华书局, 1974년, 2896쪽.

154

예(礼)를 행했기 때문이라고 보는 사학자들이 있다. 하지만 꼭 그렇다고는 할 수 없다. 자연적으로 한족의 관습을 따르고 한족의 예를 행한 남조는 천하를 통일하지 못했기 때문이다. 북위가 성공한 가장 중요한 이유는 대일통 정신의 정치개혁을 단행하고 진·한(秦汉)의 유법(儒法)국가 형태를 재건했기 때문이다.

제3절 다시 통일을 이루다

서진(西晋)이 붕괴된 후 천재와 인재가 겹쳐, 기층(基层) 정권은 완전히 붕괴되었다. 북방에는 도처에 방어용 성채가 널려 있었고, 백성들은 실력이 있는 호족을 중심으로 모여 스스로를 방어하고 있었다. 전란으로 인해 토지는 황폐화되어갔다. 유민들은 땅이 없었지만 호족들은 기회를 틈타 더 많은 땅을 차지하였다. 결국 가난한 자는 갈수록 더 가난해지고, 부유한 자는 더 부유해졌다.

서기 484년	관리 녹봉제도 실시.
서기 485년	균전제(均田制)를 실시함.
서기 486년	새로운 조조제(租调制)를 실시함.
서기 486년	삼장제(三长制)를 실시함.
서기 493년	선비족이 동성끼리 통혼하는 것을 금지함.
서기 494년	평성(平城)에서 낙양(洛阳)으로 천도함.
서기 494년	선비족 복장을 금지함.
서기 495년	관리가 조정에서 선비족의 말을 사용하는 것을 금지함.
서기 496년	선비족의 성씨를 한족 성씨로 바꾸게 하고 선비족과 한족의 통혼을 장려함.

북위(北魏) 효문제(孝文帝)의 개혁 내용도

서기 485년 북위는 균전제(均田制) 개혁을 실시하여 주인 없는 황무지를 국유화하고 빈민들에게 균등하게 분배하여 경작하게 하였다. 그 중 '노전(露田)'은 곡식을 심어 세금을 징수하기 위한 것이었는데, 농민이 사망한 후 국가가 회수해서 다시 다른 청장년에게 분배하여 경작하게 했다. 또 '상전(桑田)'은 뽕이나 대추 따위를 재배하는 곳으로, 반환할 필요 없이 자손에게 물려줄 수 있도록 했다. 균전령(均田令)은 또 노인이나 어린이, 장애인, 과부 등에게 어떻게 밭을 나누어 줄 것인지도 규정했다. 이런 개혁을 거치면서, 강자는 여전히 강했지만 약자도 설 자리가 생겼다. 북위부터 당나라 중기에 이르기까지 정관의 치(贞观之治)와 개원의 치(开元盛世)의 토지제도의 기초는 모두 균전제였다.

균전제와 함께 또 다른 주요 개혁은 "5가(家)를 1인(邻)이라 하여 인장(邻长)을, 5인을 1리(里)라 하여 이장(里长)을, 5리를 1당(堂)이라 하여 당장(党长)을 두는" 삼장제(三长制)였다. 삼장제는 난세의 호강할거(豪强割据)를 겨냥한 것이었다. 호강(豪强)은 곧 '종주(宗主)'였다. 그 전까지 조정에서는 '종주'를 통해 간접적으로 관리했었는데, 이를 '종주독호제(宗主督护制)'라고 했다. 삼장제는 종주제(宗主制)를 폐지하고 진·한(秦汉) 시기의 '편호제민(编户齐民)'이라는 3급 기층(三级基层) 정권을 복원했다. 그리고 나서 백성 중에서 향관(乡官)을 뽑아 조세와 민정을 책임지도록 했다.

균전제 개혁을 제안한 사람은 한족 유생 이안세(李安世)였고, 삼장제 개혁을 제안한 사람은 한족 관료 이충(李冲)이었다. 균전제를 통해 북위는 충분한 편호(编户), 부역(赋役), 병원(兵源)을 얻었고, 삼장제를 통해 북위는 봉건적 통치를 끝내고 기층(基层)정권을 재건했으며,

관료제를 통해 북위는 중앙집권적 행정체계를 회복했다. 이는 "한족의 복색을 하고" "한족의 예의범절로 바꾸는 것"과 같은 형식적인 것보다는 훨씬 더 나아간, '한제(汉制)'의 '영혼'이라고 할 수 있다. 서진이 멸망한 지 170년 만에 중원은 뜻밖에도 소수민족 왕조의 손에서 '한제'를 부활시켰다. 첸무(钱穆) 선생의 말처럼 "북위는 본래 부족 봉건제로 나라를 세웠는데, 삼장제와 균전제를 실시하면서 정치체제가 점차 부족 봉건제에서 통일적인 군현제로 바뀌었고, 이로 인해 호(胡)와 한(汉)의 세력도 점차 역전되었다."135) 불과 30년 만에 북위의 인구와 군대 수는 남조를 빠르게 앞질렀다. 서기 520년에 북위의 인구는 거의 3,500만 명에 달했는데, 이는 서진(西晋) 태강(太康)시기의 두 배였다.136) 한족 농민들도 북위의 군대에 대거 가담하면서 "선비족은 싸움을 하고 한족은 농사를 짓던" 구분도 깨어졌다.

북위가 '한제'를 계승할 때 동진과 남조의 '한제'는 오히려 경직되었다. 동한(东汉)의 찰거제(察举制)를 통해 대대로 고관을 배출하는 경학문벌(经学门阀)과 복잡하게 얽힌 관료호족(族族)이 생겨났고, 위진(魏晋)으로 넘어가면서 문벌정치로 발전하게 된다. 동진 정권의 수립은 세족(世族)의 지원으로 이루어졌기 때문에 "왕씨와 마씨가 천하를 함께 다스리는"137) 장면이 연출되었다. 동진과 남조에 이르러서는 북방의 천만 유민이 남도하고, 강남의 경제는 여전히 번창하고 있었지만, 300년 동안 여섯 개 왕조를 거치면서 강남의 호적상 호구(户口)

---

135) 钱穆, 『国史大纲』, 商务印书馆, 1996년, 336쪽.

136) 魏收, 『魏书·地形志』, 中华书局, 1974년, 2455쪽.

137) 사마예(司马睿)가 동진을 건립할 때 북방 세족인 낭아왕씨(琅琊王氏)의 대대적인 지원을 받았다. 당시 낭아왕씨 가문과 황실의 세력이 대등하였기에 백성들은 "왕씨와 마씨가 천하를 함께 다스린다."고 한 것이다. -역자 주

는 거의 증가하지 않았다.[138) 이들은 모두 세족에 귀순하여 사속
(私属)이 되었기에 관청에 등록하지 않았다. 따라서 조정에서는 인구
수를 정확하게 파악할 수 없었고 세수도 그만큼 줄어들었다. 문벌정
치는 청담(清谈) 주창하여 가장 우아한 위진의 풍격과 현학적인 사변
(思辨)을 낳았고, 사회의 쇠퇴와 예술의 정점이 동시에 발생하였다.

천인커(陈寅恪)와 첸무(钱穆)는 모두 이후 수나라와 당나라가 전반
적으로 북조의 정치제도와 남조의 예악(礼乐)문화를 계승했다고 보
았다. 낡은 것을 그대로 답습하는 남조의 인순수구(因循守旧, 낡은 것
을 답습하는 것)보다는 북조의 균전(等田)이나 부병(府兵) 등의 제도
혁신이 '한제'의 대통일 정신에 더 부합했다. 이러한 정신으로 수나
라는 제1차 전 국민 호적조사를 성공적으로 실시하였고, 과거제도를
만들어냈다. 천인커는 "새외(塞外)의 야만적이고 용맹한 피를 취하여
중원문화의 퇴폐적인 몸에 주입했다."[139)라고 했다. 주입된 것은 인
종이라기보다는 개혁과 혁신정신이었던 것이다.

남조에 대한 북조의 승리는 문명에 대한 야만의 승리가 아니라 대
일통 정신을 누가 더 계승할 수 있느냐의 승리였으며, 호(胡)와 한(汉)
을 통합한 '신한제(新汉制)'가 경직되고 보수적인 '구한제(旧汉制)'
에 대한 승리였다. 같은 세가 대족이라도 북이 남보다 현실정치력을
중시했는데, 이는 북조에서는 관료를 선정함에 있어서 실적을 더 중
시했기 때문이다. 같은 경학(经学)이라도 북조에는 실학을, 남조에는
현학을 중시했다. 같은 선비라도 북조에서는 조정과 기층(基层)정권
에 두루 채용되었던 반면에, 남조는 말기에 이르러서야 가난한 선비

138) 唐长孺,『魏晋南北朝隋唐史三论』,武汉大学出版社, 1992년, 88쪽.
139) 陈寅恪,『金明馆丛稿二编』, 三联书店, 2001년, 344쪽.

를 벼슬에 채용했다.

남조라고 해서 아무런 역할도 못한 것은 아니다. 남조에서 발명한 '3성 6부제(三省六部制)'의 원형은 이후 수나라와 당나라 흡수되었다. 그리고 동진과 남조는 대일통의 이념에 있어서는 확실했는데, 이는 동로마보다 낫다고 할 수 있었다. 비잔티움 제국은 1,000여 년 동안 존재했지만 통일을 위한 서정(西征)이 한 번 반밖에 없었기 때문이다. 반면에 동진의 조적(祖逖), 유량(庾亮), 환온(桓溫), 사안(謝安)에서, 송무제(宋武帝) 유유(刘裕)와 유이룡(刘义隆) 부자, 양무제(梁武帝) 소연(萧衍), 진선제(陈宣帝) 진욱(陈顼) 등에 이르기까지 모두 북벌을 했다. 결국 아무도 성공하지는 못했지만 누구도 감히 포기를 선언하지도 못했다. 화하(华夏)의 대지에서 어떠한 통치자든 대일통을 포기한다면 그것은 곧 합법성을 잃는 것이기 때문이었다.

제4절 한화(汉化)와 로마화(罗马化)

오호족(五胡族)들이 '한화'에 집착한 것은 한(汉)문명의 정수가 장기적인 태평성대를 위한 초대형 정치체의 구축에 있었기 때문이다. 유목민들은 군사적 우위를 지녔지만 한문명의 제도적 경험을 흡수하지 않고서는 정통성을 자임한 남조를 이길 수가 없었다. '한제'는 '한인'의 관습법이 아니라 꽤 이성적인 제도였다. 따라서 이(夷)와 하(夏)의 구분은 혈통이나 관습의 차이가 아니라 문명과 제도의 차이였다. 즉 한족이라도 '한제' 정신을 계승하지 않으면 화하(华夏)의 계승자 자격을 잃게 되는 것이었다.

　'한화'는 "한족에 의해 동화된다."는 의미가 아니고 "한족의 제도를 채납한다."는 의미였던 것이다.

〈설명〉: 튀르키예의 고대도시 셀추크 에페소
〈설명〉: 운강석굴 제9굴 전실 북쪽 벽 굴문 서쪽 교각미륵형태 기둥의 이오니아 양식 기둥머리
　　　(云冈石窟第 9 窟前室北壁窟 门西侧交脚弥勒盝形龛龛柱 爱奥尼式柱头)

　전한 초기에는 '한인'은 없었고 '칠국 사람'만 있었다. 사마천은 『사기』를 쓸 때 사방 인민의 각기 다른 성품을 '칠국지인(七国之人)'으로 묘사하기도 했다. 한무제(汉武帝) 이후 '한인'은 "한나라 왕조 백성"의 자칭으로 바뀌었다. 한무제가 진나라의 법가제도, 노나라의 유가사상, 제나라의 황로지술(黄老之术)과 관자경제(管子经济), 초나라의 문화예술, 한위(韩魏)의 종횡(纵横)과 형명(刑名), 연(燕)나라의 군사제도를 하나로 묶어 대일통을 이루었기 때문이다. 이때부터 이런 제도적 문명에 공감하는 사람들은 '한인'이 되었다. '한인'은 정치제도로 '국족(国族)'을 구축한 최초의 실천이라고 할 수 있다. 이 제도

는 진·한에 의해 만들어졌지만, 더 이상 중화세계에만 국한되지 않고 동아시아 고전문명의 유산이 되었다. 한자도 '한족의 문자' 일 뿐 아니라 동아시아 고전문명의 중요한 매개체였던 것이다. 대일통을 구축한 경험과 교훈이 모두 한문 율전(律典)과 사서에 기록되어있기 때문에 이를 공부하지 않고는 재건할 수도, 앞으로 나아갈 수도 없었다. '오호'가 스스로 '한화'한 것은 조상을 잊어서도 아니고 자기 스스로를 낮춘 것도 아니라 부족 정치를 넘어 초대형 정치체를 구축하려는 야망 때문이었다.

'한화'와 비슷한 개념이 '로마화(罗马化)'였다. 고대 로마제도는 로마인에 의해 발명되었지만, 지중해 문명의 고전적 형태가 되었다. 라틴어는 이제 '로마인의 문자'가 아니라 유럽 고전문명의 운반체로 되었던 것이다.[140] 많은 게르만족 왕국이 라틴어 구어를 버리게 되고, 여러 갈래의 게르만족들이 부족과 방언이 서로 다른 관계로 다른 왕국과 다른 언어로 분화되면서, 라틴어를 매개로 한 고대 로마문명은 야만적인 흐름과 보편적 종교권력 아래 묻혀버리게 된다. 결국 12세기 초에 이르러서야 로마법이 부흥하기 시작했다.[141] 그리고 14~15세기 르네상스가 되어서야 '휴머니즘'과 '국가 이성'이 재발견되었다.[142] 이 '재발견'의 진원지는 유럽 본토가 아니었다. 콘스탄티노폴리스에서 십자군이 가져온 고대 그리스와 로마의 원고가 없었다면,

---

140) 8세기부터 9세기까지 유럽의 여러 왕국에서 각각의 방언에 따른 서면 문자가 생성되었지만, 라틴어는 중세 말까지 정부나 교회의 공식적인 기록 언어였으며 게르만어의 서면 문자는 보조 도구에 불과했다. 피터 버크 지음, 李霄翔·李鲁·杨豫 역, 『语言的文化史: 近代早期欧洲的语言和共同体 』, 北京大学出版社 , 2007년, 107쪽.

141) 서기 1135년 이탈리아 북부에서 『유스티니아누스 법전』원고가 발견되면서 '로마법 부흥 운동'이 일어났다.

142) 마키아벨리의 '국가 이성(Ragione di Stato)' 학설이다. 마키아벨리 지음, 潘汉典 역, 『君主论 』, 商务印书馆 , 1985년, 18쪽.

아랍인이 번역한 플라톤과 아리스토텔레스의 고전 작품이 없었다면, 유럽의 르네상스는 일어나기 힘들었을 것이고 계몽운동도 없었을 것이다. 그리스와 로마의 고전문명은 한(汉)문명처럼 주변 민족과 원주민이 함께 전승한 것이 아니라, '수출에서 내수로 전환' 하여 되찾은 셈이었다.

〈설명〉 : 고대 그리스 기둥의 상세도

〈설명〉 : 운강석굴 제10굴 후실 남벽 중층 서양식 장식문양

〈설명〉: 운강석굴 제6굴 남벽 하층 동쪽 감실 우측 호인 형상

〈설명〉: 운강석굴 제6굴 중심탑 기둥 아래층 호인 형상

제 2 장   야만족의 침입

제1절   여러 소왕국들

야만족은 갑자기 로마에 온 것이 아니다. 한인(汉人)들이 주변의 소수민족을 '오랑캐' 라고 불렀듯이 로마인들도 라인강, 다뉴브강 밖의 이민족 부족을 '야만족' 이라고 불렀고, 나중에는 또 멸시의 의미로 '게르만족' 이라고 불렀다. 한나라와 마찬가지로 로마도 두 강의 경계를 따라 '게르만 만리장성' 을 쌓고 여러 게르만 민족과 아슬아슬하게 대치했다. 그런데 동쪽으로부터 북흉노가 압박해오자, 흉노왕의 '편달(鞭笞, 채찍)' 을 받은 초원의 여러 부족들은 손쉽게 이 취약한 '장성' 을 뚫었다. 게르만인들은 내륙 깊숙이 침투하여 약탈하고 살육하여 북아프리카와 스페인 등 식량생산 지역과 은광(银矿)지역을 점령하였다. 결국 로마제국의 인구는 줄어들고 군대는 끊임없이 쇠약해졌다. 420년 서로마 핵심부에는 방어용으로 9만 명의 야전군만이 남아 있었다.[143] 여러 야만족들은 각자 한자리씩 차지하고 나라를 세웠다. 수비족은 스페인 북서부(409년), 반달족은 북아프리카(439년), 부르

---

143) 동로마군의 40% 이상(동서로마군 전체의 20~25%)은 페르시아를 전문적으로 방비해 왔으며, 나머지 로마군은 대부분 주둔지 부대로 국경 안보에 대한 위협이 낮은 돌발 사태를 주로 처리했다.

고뉴족은 프랑스 북동부(457년), 앵글로색슨족은 브리튼(449년)을 점령했다.

상술한 것들은 모두 한 부족이 한자리씩 차지하는 소국들이었다. 진정으로 '대왕국'을 세운 것은 고트족과 프랑크족이었다. 동서고트 왕국은 남유럽(스페인·이탈리아·프랑스 남부) 전체를 차지했고 144), 프랑크족들은 서유럽 대부분을 정복했다.

〈설명〉: 폴란드의 유명한 고트족풍의 성곽 마르부르크

사학자들의 통계에 따르면 476년 서로마제국을 멸망시킨 야만족은 12만 명에 불과했다.145) 이후 북아프리카에 8만 명의 반달족, 갈리아에 10만 명의 프랑크족, 알란족, 부르고뉴족이 각각 침입했다. 테오도리쿠스146)는 30만 명의 동고트족을 이끌고 이탈리아에 들어왔다. 이

---

144) 서고트족은 프랑스 남부와 스페인(419년), 동고트족(493년)은 이탈리아를 점령했다.

145) 피터 헤더 지음, 向俊 역, 『罗马帝国的陨落』, 中信出版社, 2016년, 532쪽.

146) 테오도리쿠스(Theodoricus) : 이탈리아의 동고트 왕(재위 471~526)으로 집정관을 지내며 오도아케르를 배로나에서 처부수었고 전 이탈리아를 지배하였다. 산업·문화를 보호하고 친로마 정책과 게르만 여러 부족의 왕에 대해서는 결혼정책을 썼다.

로 미루어 보아 로마제국에 들어온 야만족의 총 인구는 75만 명에서
100만 명 사이였을 것으로 추정된다.[147]

이에 비해 양진(兩晉) 시기 남하한 소수민족 인구는 수백만 명에 달
한다. 로마와 서진의 인구규모가 비슷하다는 점을 감안하면, 로마에
들어온 게르만족 수는 로마인보다 훨씬 적었다. 따라서 오호(五胡)의
'한화'보다 이들의 '로마화'가 쉬워야 하며, 로마문명은 한문명처럼
서구에서도 이어져야 했을 것으로 보인다. 그러나 사실은 정반대였
다. 이들 게르만왕국은 개별적으로 짧은 시간 동안 '부분적 로마화'
를 했을 뿐이고, 대부분 철저한 '탈 로마화'를 이루었다.

이를테면 고트족은 나라를 세우면 일부러 정복당한 로마인과 따로
살았고, 성 밖에 성곽을 쌓는 것이 일반적이었다. 시골에 하나 둘씩
솟아 있는 독립된 성곽은 마치 외딴 섬과 같아서 오늘날 유럽의 시골
성곽 풍모의 기원이 되었다. 로마인들에게 동화되지 않음으로써 혈통
의 순수성을 지키고, 로마문화에 부식되지 않음으로써 용맹한 정신을
유지하기 위해 고트족은 '이원정치(二元政治)'를 폈다.[148] 고트인은
민족분치(族群分治) 제도를 실시하여 로마인과 고트인의 통혼을 금
지시켰다. 또 법률상 고트인은 야만인 관습법을 사용하고 로마인은
로마법을 사용하도록 했으며, 행정제도상 고트인은 군사를 관리하고
로마인은 민사를 관리하도록 했다. 문화교육상 고트인은 로마라틴어

---

147) Tim O' Neill에 따르면, 알라리쿠스 시절의 서고트족은 2만 명의 전사들을 포함해서, 총 인구는 20만 명을
넘지 않았을 것이고, 로마를 약탈한 가이세르크가 이끄는 반달족도 대략 비슷한 양일 것이며, 프랑크족,
알란족, 부르고뉴족은 각기 10만 명을 넘지 않았을 것이며, 합쳐서 75만에서 100만 명으로 추산된다.

148) 야만족 건국 초기에는 로마의 잔존체제와 야만족의 전통관습이 혼합된 이원제 체제가 어느 정도 유지되
었다. 동고트의 로마화가 가장 높았고 서고트가 그 뒤를 이었다. 로마화의 소실은 하나의 점진적인 과정
이었다. 서고트의 이원체제는 7세기 중반에 이르러서야 사라졌다. 페리 앤더슨 지음, 『罗马帝国的陨落
: 一部新的历史』, 中信出版集团, 2016년, 503쪽.

와 고전문화를 배우도록 장려하지 않았으며, 종교적 신념상 로마인은 기독교를, 고트인은 기독교에서 '이단'으로 치는 아리우스주의를 믿도록 했다. 이러한 분할된 규칙은 여러 해 동안 유지되었다. 영국 역사학자 페리 앤더슨의 말처럼 야만족 건국은 "융합보다 분열을 더 많이 사용했던 것."[149]이었다.

제2절 통하지 않는 융합

게르만 왕국 중 유일하게 '부분 로마화'를 이룬 이는 동고트 왕 테오도리쿠스였다. 그는 '이원정치'도 했지만 로마문명의 가치를 가장 잘 이해한 야만족의 왕이었다.

테오도리쿠스는 동고트의 왕자로 유연(刘渊)처럼 동로마 궁정에서 인질로 있으면서 교육받아 로마 귀족사회에 익숙해 있었다. 그러나 유연은 『좌전(左转)』이나 『상서(尚书)』에 능통했던 것과는 달리 그는 언어교류에는 지장이 없었지만 그리스어와 라틴어를 싫어했으며, 서명하지 않고도 공문서를 처리할 수 있도록 '기호' 하나로 서명을 대체했다.[150]

테오도리쿠스는 서로마를 점령하고 스스로 이탈리아의 왕이 되었다. 그는 비록 고트족과 로마인이 함께 거주하지 못하도록 했지만 서로마의 문관제도를 유지했다. 따라서 로마는 여전히 집정관, 재무관,

149) 페리 앤더슨 지음, 郭方·刘健 역, 『从古代到封建主义的过渡』, 上海人民出版社, 2016년, 81쪽.

150) 에드워드 기번 지음, 席代岳 역, 『罗马帝国衰亡史』, 吉林出版集团有限公司.

국무대신들이 관리했다. 그는 로마인들은 벼슬을 하도록 하고, 고트인들은 군인이 되게 했다. 고트 병사들이 얻을 수 있는 유일한 혜택은 로마의 시골 지주들로부터 '3분의 1'의 땅을 받는 것으로, 이는 모든 야만족 점령군 중 가장 적은 것이었다.

테오도리쿠스는 인후(仁厚, 어질고 후덕함)했고, 그의 치하에서 로마인들은 자신들의 복장, 언어, 법률과 풍습을 완전히 보존할 수 있었다. 심지어 종교에 대해서도 테오도리쿠스는 관대했다. 자신은 아리우스를 신봉했지만 직접 성 베드로의 묘소를 찾아가 제사를 드릴정도였다. 그는 어떤 기독교인에게도 자신의 교파를 바꾸도록 강요한 적이 없었다.

테오도리쿠스는 특히 로마 유신들의 권력을 그대로 보류했다. 가장 중용된 대귀족 보이티우스는 아우구스티누스 이후 가장 위대한 교회 철학자였다. 그는 유클리드의 기하학, 피타고라스의 음악, 니코마코스의 수학, 아르키메데스의 기계학, 프톨레마이오스의 천문학, 플라톤의 철학, 아리스토텔레스의 논리학을 번역하고 해설했기에 사학자들에게 '최후의 로마인'으로 불렸다.

테오도리쿠스는 보이티우스에게 조정을 맡기고 보이티우스의 어린 두 아들을 일찌감치 로마 집정관에 봉했다. 로마 유신들과 고트족의 새 귀족들 사이에는 분쟁이 잦았다. 로마 귀족들이 테오도리쿠스의 친조카가 로마인의 재산을 강점했다고 고발하자, 그는 눈 하나 깜짝하지 않고 조카에게 바로 돌려주라고 명했다. 로마 유신들에 대한 '편애'로 그는 자기 종족들 사이에서 원성을 샀다. 약 2만 명의 고트 병사들이 이탈리아에서 "분노한 마음으로 평화와 규율을 유지하고 있었다."[151] 테오도리쿠스가 통치한 33년 동안 이탈리아와 스페인은 웅장한 도시, 우아한 원로, 성대한 축제, 독실한 종교 등 옛 로마의 모습을 그대로 유지할 수 있었다.

영국 역사학자 에드워드 기번은 로마인과 동고트인은 민족 통합이 충분히 가능했다고 말했다. "고트인과 로마인이 단결하면 이탈리아의 행복한 삶을 대대로 이어갈 수 있었다. 가장 먼저 흥기한 민족과 자유로운 백성, 지식이 있는 병사들로 구성된 새로운 인민은 서로 고상한 품성을 비길 수 있었고, 점차적으로 흥기할 수 있었다."[152] 말은 쉽지만 현실은 그렇지 않았다. 고트인과 로마인의 깊은 갈등은 종교에서부터 시작된다. 테오도리쿠스는 로마교회를 관용했지만 로마교회는 유대교를 관용하려 하지 않았고 유대인 교회를 불태워 재산을 빼앗았다. 테오도리쿠스는 평등하게 하기 위해 범죄를 저지른 기독교인들을 벌주었다. 이에 앙심을 품은 기독교인들은 그를 배신하고 동로마 비잔티움교회와 결탁했다.

523년 로마의 원로 알비누스가 동로마 황제에게 고트 왕국을 무너뜨리고 로마인들에게 '자유'를 돌려줄 것을 요청하는 편지를 보낸 사실이 적발되었다. 이에 격노한 테오도리쿠스는 반역한 원로들을 붙잡았다. 이때 보이티우스가 나섰다. 그는 목숨을 걸고 다음과 같이 말했다. "그들이 유죄라면 나도 유죄다! 내가 무죄면 그들도 무죄다!" 그는 고트족과 가까운 사이였지만 결정적인 순간에는 로마 귀족의 편을 들었던 것이다.[153]

---

151) 위의 책, 160쪽.

152) 위의 책, 152-153쪽.

153) 보이티우스의 죽음은 동고트 통치자와 로마 원로귀족의 갈등이나 가톨릭·기독교 정통과 아리우스 이단 사이의 종교적 갈등 때문이 아니라, 로마 원로원과 동고트 궁정에 있던 많은 정적들의 음해에서 비롯됐다고 보는 학자들도 있다. 康凯, 「罗马帝国的殉道者? ——波爱修斯之死事件探析」, 『世界历史』, 2017년 1기.

에드워드 기번은 고트인들이 아무리 관대해도 결코 로마인의 인정을 받을 수 없었으며, 가장 온건한 형태의 고트왕국도 로마인의 '자유 정신'을 참을 수 없게 만들었을 것이라고 결론지었다. 그는 다음과 같이 말했다. "이 고마움을 모르는 신민들은 이 고트족 정복자의 출신이나 종교, 또는 성품에 대해 영원히 관용을 베풀 수가 없었다." 154)

이때 테오도리쿠스는 노년에 접어들었다. 그는 자기가 평생 로마 국민을 위해 열심히 일했지만 얻은 것은 증오뿐이라는 것을 발견했고, 이런 "보답을 받지 못하는 사랑'"에 분노를 느꼈다. 155) 결국 테오도리쿠스는 보이티우스를 처형했다. 그는 일부러 "가장 로마적이지 않은 방식"을 취했다. 즉 보이티우스가 죽기 전 자신을 변호할 권리를 박탈했던 것이다. 보이티우스는 처형 전에 족쇄를 차고 옥에서 『철학의 위안』을 썼는데 이 책은 중세 학자들의 필독서가 되었다. 보이티우스를 처형한 뒤 테오도리쿠스는 극심한 정신적 고통을 겪었고 얼마 안 되어 병사했다. 그는 죽기 전 사흘 밤낮을 엎치락뒤치락하며 신음했다.

테오도리쿠스가 죽은 지 10년이 지나, 동로마 황제 유스티니아누스는 이단 소탕과 고토 수복에 대한 열망으로 동고트에 대한 '성전'을 일으켰다. 비잔티움교회는 일제히 아리우스파를 퇴치하라는 칙령을 내렸고, 유스티니아누스는 금 5,250kg으로 페르시아에 화해를 청해

---

154) 에드워드 기번 지음, 黃宜思 등 역, 『罗马帝国衰亡史』(하), 商务印书馆, 1997년, 160쪽.
155) 위의 책, 161쪽.
156) 벨리사리우스(Belisarius) : 동 로마 제국의 장군. 유스티니아누스황제 밑에서 이름을 떨친 장군이었다. 페르시아가 쳐들어왔을 때 그들을 물리쳤으며, 반달족을 쳐부수고 고트족을 또 쳐부수기 위하여 원정을 가기도 하였다. 그는 또한 수도 가까이 쳐들어온 프앙족과 싸워 크게 이기는 등, 동 로마 제국의 가장 뛰어난 장군이었으나 562년 황제를 없애려는 음모에 관계가 있다는 죄를 쓰고, 명예와 재산을 모두 빼앗겼다. 뒤에 죄가 풀려 명예와 재산을 도로 찾았으나 곧 사망하였다.

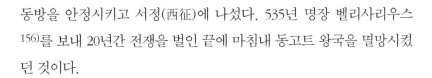

동방을 안정시키고 서정(西征)에 나섰다. 535년 명장 벨리사리우스
156)를 보내 20년간 전쟁을 벌인 끝에 마침내 동고트 왕국을 멸망시켰
던 것이다.

제3절 로마가 로마를 버리다

　다시 동로마의 품으로 돌아온 서로마인들의 소원은 이루어졌을까?
답은 의외였다.
　벨리사리우스가 동고트를 진공할 때, 서로마의 귀족들과 백성들은
분분히 내외에서 호응했다. 벨리사리우스는 로마의 귀족 주교 실비우
스의 암묵적인 호응에 힘입어 로마에 무혈 입성할 수 있었다. 반면 서
로마인들의 열정은 오래가지 못했다. 그들은 오랜 공방전으로 인한
고생을 견디기 어려워했다. 처음에는 목욕을 하지 못하고 잠을 제대
로 자지 못한다고 푸념하다가 나중에는 식량이 부족하다고 동로마군
을 욕했다. 벨리사리우스는 유스티니아누스 황제에게 보내는 편지에
서 다음과 같이 말했다. "로마인들은 아직까지는 우리에게 우호적이
지만 그들의 어려운 처지가 계속된다면 망설임 없이 자신들의 이익에
더 부합하는 길을 택할 것입니다." 157)
　서로마인들의 불평에, 당시 동로마군을 도와 성문을 열어줬던 실비
우스 주교가 뜻밖의 선택을 하게 된다. 그는 이번에는 몰래 고트족 군
대들에게 성문을 열어줘서 벨리사리우스를 습격하게 함으로써 포위
망을 끝내려 했다. 그러나 음모가 발각되어 실비우스는 즉시 유배되

었다. 벨리사리우스는 이때부터 서로마인을 신뢰하지 않았다. 그는 한 달에 두 번씩 로마 성벽의 15개 성문의 자물쇠를 교체하였고, 성문을 수비하는 로마인 자위대도 정기적으로 교체했다.

'환영에서 거부'로 바뀌는 이러한 전환은 불과 4개월 만에 이루어졌다.

비잔티움을 버린 사람들은 귀족뿐만 아니라 평민들도 있었다. 많은 서로마 농민과 노예들이 옛 주인인 고트인의 부대에 다시 합류했고, 임금을 받지 못한 많은 야만인 용병들도 고트인의 군대에 합류해 일제히 동로마군을 향해 진격했다.

서로마인들은 동고트에도, 동로마에도 충성하지 않았다. 그들은 자신들의 이익만 중시하였기에 아무도 환영하지 않았다. 헬무트 슈미트(赫尔穆特·海米茨)[158]는 다음과 같이 지적했다. "서부 지방의 많은 로마인들에게 '로마의 멸망'은 재앙이 아니다. 사실 지방 엘리트와 야만족, 로마 군벌과 번왕(client kings) 사이에는 더 작은 권력 단위에서 일종의 협력관계가 형성되어 있었다."[159]

서로마인들이 동로마인들을 반대하는 데는 이유가 있었다. 비잔티움이 현지 민생을 고려하지 않고 세금만 걷으려 했기 때문이다. 전후 이탈리아 북부는 폐허가 되어 경제가 쇠퇴하고 인구는 급감했지만, 벨리사리우스의 뒤를 이었던 장군 나르시스는 군사정부를 세워 15년간 약탈적 세금을 부과했다. 비잔티움의 세리(税吏)는 '알렉산더 가

157) 프로코피우스 지음. 王以铸·崔妙因 역,『普洛科皮乌斯战争史』, 商务印书馆, 2010년, 500쪽.

158) 헬무트 하인리히 발데마르 슈미트 (Helmut Heinrich Waldemar Schmidt, 1918년 12월 23일 ~ 2015년 11월 10일) : 독일의 정치인으로, 1974년부터 1982년까지 독일 연방 공화국의 제5대 총리를 지냈다. 1983년부터는 디 차이트 지의 공동 편집자를 역임하였으며, 유럽 통합의 기초를 다져놓았다.

159) 王晴佳·李隆国,『断裂与转型:帝国之后的欧亚历史与史学 j』, 上海古籍出版社, 2017년, 276쪽.4

위'로 불렸다. 모든 세금의 12분의 1을 합법적으로 자기 소유로 할 수 있기 때문이었다. 이는 세리들이 광적으로 세금을 긁어모으는 효과적인 동력이 되었다.[160] 개인이 국가세입에서 수수료를 챙기는 '포세제도(包稅制)'는 마케도니아 제국부터 로마에 이르기까지 일관적으로 이어진 악정이었다. 비잔티움제국은 한발 더 나아가 이를 국가행위로 만들어버렸다. 동시에 비잔티움은 로마의 통치시스템을 회복하지 않았다. 그리하여 천 년을 이어온 로마 원로원은 결국 끝을 보게 되었다.

야만족인 테오도리쿠스가 로마 체제 유지에 고심했던 반면에 로마인인 비잔티움은 로마 체제를 완전히 쓸어버렸다. 유럽 사학자들은 고트전쟁이 없었다면 로마 고전문명이 이렇게 빨리 사라지고 중세에 접어들지 못했을 것으로 보고 있다. 오만한 로마 귀족들은 '야만족'이 황제로 군림하는 것을 영원히 인정할 수 없었던 것이다. 상대가 아무리 인후하더라도 말이다.

동고트 이후의 야만족은 로마화를 시도하지 않았다. 이들은 로마의 정치제도를 아예 버리고 철저히 자기 길을 걸어갔다. 로마의 생활풍습은 단지 관성을 타고 유럽의 일부지역에서 한 세기 이상 지속되었을 뿐이었다.

---

160) "황제의 악명 높은 세리들은 재임 중 큰돈을 벌었다…… 그들이 부과할 수 있는 범위에는 민중의 부담능력 외에 다른 제한이 없었다. 심지어 군대의 급료까지도 훔치려 했다." 톰슨 지음, 耿淡如 역, 『中世纪经济社会史』, 商务印书馆, 1961년, 185쪽.

제4절 중화는 중화를 선택했다

테오도리쿠스와 보이티우스[161])의 군신관계와 아주 비슷한 관계가
중국에도 있었다. 하나는 전진(前秦)의 부견(苻堅)과 왕맹(王猛)이고,
다른 하나는 북위(北魏)의 탁발도(拓跋燾)와 최호(崔浩)였다.

부견은 오호(五湖)에서 가장 인덕(仁德)이 있는 군주였고, 왕맹은
'북방 함락구'에서 손꼽히는 명사였다. 당시 동진(東晉)도 한때 북벌
에 나섰고, 대장군 환온(桓溫)이 관중에 쳐들어가 천하의 명사들이 그
를 높이 평가했다. 왕맹은 환온을 만났는데 쌍방이 서로 속내를 더듬
었다. 환온은 높은 벼슬을 미끼로 왕맹을 남하시키려 했지만 왕맹은
거절하였다. 거절의 주되는 이유는 환온이 진정으로 '대일통'을 하려
고 하지 않았기 때문이었다. 왕맹은 환온에게 이렇게 말했다. "당신
은 장안(長安)과 가까이 있지만 파수(灞水)를 건너려 하지 않지요. 모
두들 당신이 진심으로 천하의 통일을 원하는 게 아니라는 것을 이미
알고 있습니다."[162])

왕맹은 부견을 선택했다. 부견(大立)이 '대일통'의 큰 뜻을 품고 있
었기 때문이다. 부견은 저인(氐人)이었지만 한평생 "여섯 나라가 한
집안처럼 어우러지기를" 원했다. 그는 장안의 선비귀족들을 소화하
기도 전에 동진을 남벌(南伐)하는 모험을 단행했다. 그에게 있어서 오
로지 '통일'만이 '천명'을 받드는 일이었다.[163]) 부견은 백전호걸
(百战豪杰)로서 위험을 모르는 것이 아니었다. 단지 '대일통'이라는
궁극적인 지향으로 인해 개인의 성패를 따지지 않았기 때문이다. 이

---

162) 房玄齡 등, 『晋书』, 中华书局, 1974년, 2,930쪽.
163) 房玄齡 등, 『晋书』, 中华书局, 1974년, 2,911-2,912쪽.

는 제갈량의 "왕업은 편안한 자리가 아니다.(王业不偏安)"라는 것과 같은 이치였다. 동진은 분명히 능력이 있지만 북벌에 온 마음을 쏟은 적이 없었다. 부견은 비록 비수에서 크게 패해 사학자들에게 비웃음을 당했지만, 초심이나 사명감으로 따지면 그 차이가 현저했다.

왕맹이 환온을 거절한 두 번째 이유는 동진의 정치이념이 왕맹의 이상과 달랐기 때문이다. 동진은 문벌정치를 지나치게 중시했고, 왕맹의 이상은 유가와 법가를 병행한 한제(汉制)였다.

동진은 출신에 따라 관리를 임명했고, 부견은 하층에서 엘리트를 선발하였다. 이들을 '다사(多士)'라고 불렀다.[164] 동진은 "천하 호적의 절반이 문벌에 귀속되었지만", 부견은 직접 하층과 소통하고 사람을 파견하거나 직접 시찰하는 방식으로 한인(汉人) 백성과 '융이부락(戎夷种落)'을 시찰했다.[165] 동진은 현학(玄学)을 하고, 정치를 위해 풍아(风雅)를 중시했다. 하지만 부견은 노자와 장자, 도참(图谶)학설을 금지하고, "배움은 유가와 통하며, 재능이 있고 일을 해낼 수 있는 사람"을 찾았다.

저인(氐人)의 전진(前秦)은 한인(汉人)의 동진(东晋)보다 왕맹의 '한제(汉制)'에 대한 이해에 더 부합했다. '한(汉)'은 왕맹과 같은 사람들에게 있어서 혈통이나 종족의 개념이라기보다는 제도나 이상의 개념이었다. 중화세계의 민족은 호(胡)든 한(汉)이든 로마세계처럼 '혈통'이나 '종교'를 민족분류의 근거로 삼지 않았다. 만일 테오도리쿠스가 중국에서 태어났다면 호(胡)와 한(汉)의 수많은 영웅호걸들이 그를 보좌해 천하 통일에 나섰을 것이다.

---

164) 房玄龄 등, 『晋书』, 中华书局 , 1974년, 2,888쪽.
165) 房玄龄 등, 『晋书』, 中华书局 , 1974년, 2,887쪽

　탁발도는 선비족의 우두머리였고, 최호는 북방 한인 세족의 자제였
다. 그는 북위에서는 삼조에 걸쳐 경사의 백가를 두루 섭렵하고, 현상
음양(玄象阴阳)에 정통했으며, 계략에 능하여 스스로 장량(张良)과 비
교하였다. 최호는 한편으로는 탁발도를 위해 계책을 내어 유연(柔然)
을 몰아내고, 대하(大夏)를 평정하고, 북연(北燕)을 멸망시킴으로써
북중국의 통일을 완성했다.[166] 다른 한편으로 그는 또 탁발도를 도와
문치(文治)개혁을 추진하였다. 군사귀족의 6부대인(六部大人)제도를
폐지하고, 문관제도의 상서성(商君书)을 부활시키고 비서성(秘书省)
을 두었으며, 기층 정권을 정비하고 지방 관리를 고과(考課)하였고,
세 차례 율령(律令)을 개정하여 중원의 율령 조문을 대량으로 흡수하
였다. 최호는 또한 선비 엘리트와 한인 엘리트의 대통합을 강력히 주
장하였다. 탁발도는 그의 의견을 그대로 받아들여 한인 명사 수백 명
을 중앙과 지방으로 징집하였다.

　탁발도는 최호를 총애하여 직접 그의 저택에 가서 군사와 나라의
대사를 묻고 악공(乐工)에게 명하여 그의 공을 노래하게 하였다. 선비
귀족들은 태무제(太武帝)가 최호를 '편애' 하는 것을 심히 못마땅하게
여겼고, 급기야 흉노 귀족과 선비귀족들이 결탁한 미수 쿠데타까지
벌어졌다.

　보이티우스와 마찬가지로 최호도 족속 의식 때문에 유종의 미를 거
두지는 못했다. 그는 북위사(北魏史)를 집필하면서 선비부족 시대의
'수계혼(收继婚)' 등 옛 풍속을 수록하고 비석을 새겨 도성의 요로 옆
에 세웠다. 이때 선비족은 이미 중원의 윤리관을 받아들여 염황(炎皇)
의 후예라고 자칭하고 있었기 때문에 이러한 '추태' 를 드러내는 것에

---

166) 『魏书·世祖纪下 』 참조.

격분했다. 당시는 남조의 송문제(宋文帝)가 한창 북벌하던 시기였다. 선비 귀족들은 최호가 선인을 모욕했다고 고소했고, 최호가 송나라에 투항하려 했다는 소문까지 돌았다. 이에 격노한 탁발도는 최호가 속한 청하 최씨(淸河崔氏)를 멸족시켰다. 이때 최호는 이미 칠순의 노인이었지만 이런 모욕을 감내해야 했다.[167]

한인과 선비의 융합은 최호의 죽음으로 끊겼을까? 선비와 한인의 이야기는 고트와 로마와는 다르다.

로마 귀족들이 번번이 고트를 배신했던 것과 달리 청하 최씨는 멸문 후에도 각 지계 · 방계가 북위에 남아 있었다. 효문제(孝文帝)가 즉위하자 청하 최씨는 4성(四姓)의 수장으로 복위되었고, 최광(崔光) · 최량(崔亮) 등은 북위의 조정대신으로 복위되어 북위사(北魏史)를 다시 집필하였다. 특히 최홍(崔鴻)은 각종 잔여 사료를 모아 『십육국춘추』 100권을 만들어 오호의 각 정권들의 역사사실을 기록하였다.

건은 탁발도를 "사람 때문에 일까지 그르치게" 하지는 않았다. 그는 여전히 선비귀족 자제들에게 유학(儒学)을 배우도록 명했다. 최호는 죽었지만 그의 정치는 남았다. 이후 효문제는 '한화' 개혁을 더욱 최고조로 끌어올렸다. 한인과 선비인 모두 개인의 영욕으로 정치를 구축하지 않았다. 그들은 역사에 대해 더 깊이 이해하고 있었던 것이다.

---

167) 魏收, 『魏书』, 中华书局, 1974년, 826쪽.

북위(北魏) 효문제(孝文帝)의 개혁 내용도

정권	창립자	민족	연대	수도 및 정치중심	멸망시킨 나라
성한(成汉)	이웅(李雄)	파저(巴氐)	304 - 347	성도(成都)	동진(東晋)
한·전조 (汉·前赵)	유연(刘渊)	흉노(匈奴)	304 - 329	평양(平阳) 장안(长安)	후조(后赵)
후조(后赵)	석륵(石勒)	갈(羯)	319 - 350	양국(襄国) 업(邺)	염위(冉魏)
전량(前凉)	장무(张茂)	한(汉)	320 - 376	고장(姑臧)	전진(前秦)
전연(前燕)	모용황 (慕容皝)	선비(鲜卑)	337 - 370	용성(龙城) 업(邺)	전진(前秦)
전진(前秦)	부건(苻健)	저(氐)	351 - 394	장안(长安)	후진(后秦)
후진(后秦)	요장(姚苌)	강(氐)	384 - 417	장안(长安)	동진(东晋)
후연(后燕)	모용수 (慕容垂)	선비(鲜卑)	384 - 409	중산(中山)	북연(北燕)
서진(西秦)	걸복국인 (乞伏国仁)	선비(鲜卑)	385 - 431	포한(枹罕) 원천(苑川) 금성(金城)	하(夏)
후량(后凉)	여광(吕光)	저(氐)	386 - 403	고장(姑臧)	후진(后秦)
남량(南凉)	독발오고 (秃发乌孤)	선비(鲜卑)	397 - 414	서평(西平) 낙도(乐都)	서진(西秦)
남연(南燕)	모용덕 (慕容德)	선비(鲜卑)	398 - 410	광고(广固)	동진(东晋)
서량(西凉)	이고(李暠)	한(汉)	400 - 439	돈황(敦煌)	북량(北凉)
북량(北凉)	저거몽손 (沮渠蒙逊)	흉노(匈奴)	401 - 439	장액(张掖)	북위(北魏)
하(夏)	혁련발발 (赫连勃勃)	흉노(匈奴)	407 - 431	통만(统万)	토욕혼 (吐谷浑)
북연(北燕)	풍발(冯跋)	한(汉)	109 - 436	용성(龙城)	북위(北魏)

'16'은 최홍(崔鸿)의 『16국춘추』에서 따온 것으로, 당시 중국 북방의 20여 개 정권 가운데 지속시간이 비교적 길고 영향력이 비교적 큰 대표적인 국가였다.

제5절 프랑크의 소외

고트인들이 유럽무대에서 사라지면서 운명의 신은 프랑크족에게로 향했다.

프랑크족은 '야만족 이동' 중에서 유일하게 '대이동'이라고 할 수 없는 종족이었다. 이들은 벨기에 해안과 라인강 연안에서 오래 살았지만 대대로 내려오던 주거지에서 조금 남하했을 뿐이다. 동고트가 이탈리아를 차지한 것과 동시에 프랑크는 로마의 갈리아를 차지하여 메로빙거 왕조를 창설하고 7세기에 오늘날의 프랑스 강역을 대략 통일하였다가 8세기 중반에 카롤링거 왕조로 바뀌게 된다. 샤를마뉴 대제[168]는 스페인을 제외한 서부 유럽을 정복했고, 그 영토는 서로마 제국에 근접해 비잔티움과 어깨를 나란히 했다.

왜 동고트인은 로마인에 의해 소멸된 반면 프랑크인은 성장할 수 있었을까? 프랑크 왕 클로비스[169]가 로마 기독교로 개종한 것이 주요 원인이었다. 잔혹하기로 유명한 클로비스는 종교대회에 막 참석하고 나서 직접 도끼로 남의 머리를 내리찍을 정도였다. 끝끝내 개종하지 않은 테오도리쿠스와 달리 클로비스가 개종하자 기독교회의 거대 세력들은 클로비스를 아낌없이 지지했던 것이다.

기독교를 믿는다는 것 외에 프랑크는 로마문명과 공통점이 별로 없었다.

---

168) 샤를마뉴(Charlemagne) 대제 : 서유럽을 통일하고 황제에 즉위한 카롤링거 왕조의 군주.
169) 클로비스 : 로마 교황들의 관심을 비잔틴으로부터 탈피시켜 독일 쪽으로 방향을 돌리도록 하는 데 결정적인 역할을 수행한 인물로 그는 그리스도교의 종교적, 그리고 문화적 우수성을 인식하였고, 자신의 제국에 가져다 줄 정치적 이익을 간파하였다. 정치적 이익이란 국가의 일치와 교회의 권위를 의미한다. 그 결과 프랑크 민족은 자신의 왕을 지지하게 되었다.

로마황제는 단발머리에 월계관을 썼고, 프랑크 국왕은 야만족의 상징인 긴 머리를 시종 길러 '장발국왕'으로 불렸다.

로마는 도시문명으로 개선문과 궁전을 거느렸지만 프랑크 국왕은 농장에 살기를 좋아했고 사방에 축사를 지어 소와 닭을 키웠고 노예가 생산한 식량과 술을 내다가 판매할 수도 있었다. 로마는 중앙재정 세수였고, 프랑크 왕가는 '개인농장' 경제였다.

로마율법은 내외 구별이 있었지만 적어도 형식적으로는 로마시민의 내부 평등을 유지했다. 그러나 프랑크 관습법은 등급제를 채택하고 있었다. 『살리카법전』은 프랑크인의 목숨이 정복당한 갈리아인보다 값지다고 엄정하게 선언했다. 프랑크인 한 명을 죽이면 보통 사람은 200수(苏)를 배상해야 했지만, 갈리아인 한 사람은 50~100수면 충분했다.[170] 이러한 정복자와 피정복자 사이의 차이는 프랑크인과 갈리아인 사이의 민족적 차이, 나아가 귀족과 평민 사이의 계급적 차이로 이어졌다. 프랑스 혁명 전 귀족학자 블랭빌리에(Boulainvilliers)는 프랑스 귀족은 갈리아를 정복한 프랑크인의 후예로 조상의 특권을 계승해야 하고, 프랑스의 3등급 사람들은 갈리아·로마인의 후예로 당연히 통치를 받아야 하며 정치적 권리를 요구할 자격이 없다고 논증하기도 했다.[171]

로마법은 증거를 중시하며 법리가 뒷받침하는 성문법이다. 하지만 야만인 법은 간단한 판정법이나 화재법(火裁法), 수재법(水裁法)과 같은 신(神)에 의한 판결을 채택했다.[172] 증거가 부족하면 '결투'에

---

170) 몽테스키외 지음, 张雁深 역,『论法的精神』, 商务印书馆, 1963년, 243쪽.

171) 康凯,「"蛮族"与罗马帝国关系研究论述」, 历史研究 2014년, 4기.

172) 판결을 내리기 어려운 일이 있으면 물과 불을 이용한 실험을 통해 판결했다. 즉 용의자가 불에 달군 인두를 손에 쥐게 하여 다치면 유죄, 무사하면 무죄로 했고, 연못에 던져 넣어 뜨면 유죄, 가라앉으면 무죄로 했다.

의존했는데, 문약한 로마인들은 체격이 훤칠한 프랑크인들을 당해내지 못해 기소를 포기하곤 했다. 이치를 따지지 않고 주먹다짐을 하는 야만족의 습관은 나중에 황당하게도 많은 사람들에 의해 귀족의 기사정신으로 추앙받게 되었다.

서로마 중상층은 정밀한 재정과 시정관료 제도를 갖추고 있었는데 전성기에는 관리가 4만 명에 달했다. 프랑크는 관료제를 완전히 버리고 봉건 채읍제(采邑制)를 실시하였다. 채읍은 왕이 토지를 신하에게 봉상하여 왕과 신하가 토지와 군역(軍役)을 연결고리로 하는 충성관계를 형성한 것을 말한다. 처음에는 땅을 세습할 수 없었지만, 세월이 흐르면서 강력한 귀족에 의해 세습 재산으로 바뀌었고, 유럽의 중세 국왕, 대중소(大中小) 영주의 층층의 분봉제가 이루어졌다. 영주는 채읍 내에서 행정·사법·군사·재정권력을 누렸고, 생살여탈권까지 갖게 되어 마치 독립왕국을 방불케 했다.

몽테스키외는 "카를 마르텔의 채읍제도 개혁 이후 국가가 수많은 채읍으로 분할되면서 공공법을 집행할 필요가 없어졌으며, 지방에 전문 관리를 파견해 사법과 정치 사안을 순시·감독할 필요가 없어졌다."고 말했다.[173]

프랑크는 통일전쟁에서 합병한 다른 야만족 왕국에 대해 로마처럼 행성을 건설하여 중앙으로 귀속시킨 것이 아니라, 귀족과 교회에 하사하여 영주 자치를 유지하였다.[174] 왕은 가장 큰 지주였다. 프랑크 왕조의 여러 왕들은 죽을 때 국토를 아들들에게 균등하게 나누어주었

---

173) 몽테스키외 지음, 張雁深 역, 『论法的精神』, 商务印书馆, 1963년, 252쪽.

174) 서고트를 무찌르고 피레네 산악지대를 차지한 프랑크는 점령한 땅을 모두 프랑크 관리들과 고트 귀족들에게 장원과 자치령으로 하사했다. 또 샤를마뉴는 정복한 작센, 롬바르디아 이탈리아, 스페인의 많은 땅을 승려들에게 봉해 교회의 영지로 삼았다.

다. 왕권의 지방화는 도처에 국왕이 넘쳐나게 했다. 게르만족에 이어 동유럽에 대규모로 침입한 슬라브족의 건국방식이나 제도적 선택은 전자와 궤를 같이한다. 로마 이후의 유럽은 더 이상 통일된 적이 없었다. 이와 같은 역사를 이해해야 유럽의 현주소와 미래 정치의 진화를 이해할 수 있는 것이다.

제6절　봉건정치와 문관정치

　로마제국의 제도적 유산이 눈앞에 다가왔는데 왜 프랑크인들은 봉건제를 택했을까 ?

　로마법 체계와 관료제도는 라틴어 법전과 사서에 기록돼 있지만 게르만 지도자들은 자기 민족들에게 로마문화를 배우지 못하게 해 이런 역사적 경험을 익히지 못했다. 만약 고트족 남자아이가 모국어만 배울 수 있고 라틴어는 배울 수 없다면, 배우는 사람은 욕을 먹을 수밖에 없었다.

　게르만족 내 언어는 8세기 이전까지 문자가 형성되지 않았다. 중세 초기 300여 년(476~800년) 동안 게르만족들은 그리스 · 로마문자의 학습 거부로 인해 글을 쓸 수가 없었다. 지식욕이 강한 샤를마뉴 대제도 어설픈 라틴어를 구사했지만 여전히 글을 쓸 줄 몰랐다. 신성로마제국 황제들은 뜻밖에도 글씨를 쓸 줄 몰랐다. 중국의 송태조(宋太祖)와 동시기 사람인 오토 대제는 서른 살에 글을 읽기 시작했고, 송인종(宋仁宗)과 동시기 사람인 콘라트 2세는 편지를 읽을 수 없을 정도로 유럽의 봉건귀족 대다수가 문맹이었다.

글을 쓰지 못하면 복잡한 문서를 처리할 수 없고, 문관시스템을 구축할 수 없어 정밀한 로마법을 운용할 수 없었다. 프랑스의 역사학자 블로크는 "대부분의 영주들과 귀족들은 (명목상) 행정관과 판사였지만, 행정관으로서 보고서나 청구서 한 장을 직접 검토할 능력이 없었고, 판사로서 그들의 판결은 법정이 알아듣지 못하는 언어로 기재되었다."175)고 말했다. 관료제도를 운영하여 관리할 수 없다면 간단하고 쉬운 봉건제도만 만들 뿐, 상대국의 국토를 관리할 능력이 없게 된다. 당시 지식 엘리트를 양성할 수 있는 곳은 수도원과 교회학교뿐이었다. 제후들은 어쩔 수 없이 영지의 성직자에게 의지하여 행정을 하였다. 샤를마뉴 대제는 주교가 외교관과 순시관을 담임하게 했다.176) 그의 칙령과 공고, 훈계의 절대다수는 잉글랜드 수사 알퀸의 손에서 나왔다. 몇 세기 동안 프랑크 왕들의 신하 직위는 교회 사람들이 주로 맡았다. 따라서 성직자들은 정신세계의 해석자일 뿐 아니라 행정권력의 장악자가 되었다.

이는 로마제국의 정교관계와는 달랐다. '로마교황'은 로마황제의 칙령에 의해 정해졌다.(445년)177) 전반적으로 황권이 교권보다 높았다. 그러나 프랑크왕국에서는 교회가 왕권과 함께 천하를 다스렸다. 교회는 정치에 전면적으로 참여했을 뿐만 아니라 대영주가 되어 왕조

175) 블로크 지음, 张雁深 역, 『封建社会』, 商务印书馆, 2004년, 153쪽.

176) 톰슨 지음, 耿淡如 역, 『中世纪经济社会史』, 商务印书馆, 1961년, 350쪽.

177) 445년, 로마 황제 발렌틴 3세는 당시 로마 주교 레오에게 로마 교회를 서양 교회의 최고 지위로 격상시키는 칙령을 내렸다. 칙령은 로마 주교가 제정한 법을 전 기독교회에서 집행해야 하며, 로마 주교가 다른 교구의 주교들을 부르면 각지의 주교들은 모두 이에 응하여 항거할 수 없으며, 위반자는 해당 지역의 총독이 로마로 강제 압송한다고 선포했다. 레오 1세는 이때부터 교황으로 불렸다.

178) 톰슨 지음, 耿淡如 역, 『中世纪经济社会史』, 商务印书馆, 1961년, 297쪽.

의 과세 시도에 저항하는 데 여러 번 성공했다.[178] 프랑크인의 행정권력 양도는 훗날 보편교회 부상의 밑거름이 됐다. 원래 게르만 전통에도 소중한 유산이 있었다. 이를테면 대의민주제는 로마 관료제가 아닌, 이들의 군사민주제에서 생겨났지만 로마제도에 접목하지 못했기에 수백 년 동안의 종교 독점이 발생했다.

일부 학자들은 게르만인들이 자치와 봉건을 선택한 것은 '자유로운 천성'에서 비롯되었다고 말한다. 몽테스키외는 게르만족이 천성적으로 '별거'와 '독립'의 생활방식을 선호한다고 주장했다. "게르만인의 거주지는 늪이나 하천, 숲에 의해 분할되어 있다.…… 이 부족들은 별거를 즐긴다.…… 이 부족들은 분리되었을 때는 모두 자유롭고 독립적이며, 혼합되었을 때에도 여전히 독립적이다. 각 종족은 하나의 국가를 공유하지만, 또 각각의 정부가 있다. 영토는 공동의 것이지만 부족은 각기 다르다."[179] 이 때문에 게르만 왕국은 독립적으로 흩어져 서로 융합을 추구하지 않는 다중심적 구도를 형성했다.

중국의 오호(五胡) 역시 초원과 삼림 유목민이며 사막과 삼림, 계곡에 의해 나뉘고 자유를 사랑하며 유목민 사회의 자연적인 '분산성(分散性)'을 띠고 있다. 그러나 오호는 유목 천성에 더 적합한 자치분봉 노선으로 돌아가지 않고, 다민족 일체의 중앙집권적 관료제를 스스로 부활시켰다. 오호의 정권은 다민족 정권이지, 일족일국(一族一國)의 정권이 아니었다.[180] 오호 정권은 다민족 관료정치로 종교에 의존한 적이 없었다. 오호 군주들은 대부분 독실한 불교신자였지만 정치적

178) 톰슨 지음, 耿淡如 역, 『中世纪经济社会史』, 商务印书馆, 1961년, 297쪽.

179) 몽테스키외 지음, 张雁深 역, 『论法的精神』, 商务印书馆, 1963년, 241쪽.

180) 흉노의 한조(汉赵)정권에서, 통계 가능한 263명의 관료 중 흉노가 114명(황족 포함), 한인이 131명, 기타 민족이 18명이었다. 周伟洲, 『汉赵国史』, 社会科学文献出版社, 2019년, 203쪽.

의사결정을 할 때 불교를 판단근거로 삼지 않았다. 그들은 발달된 문관시스템을 갖고 있었고 관료제도를 운용할 능력이 있었다. 북위는 불교가 성행하여 유명한 불교석굴은 태반이 이 시기에 만들어졌다. 불교사원은 만(万) 단위로 계산했고 스님은 백만 단위로 계산했으며, 대량의 사원과 땅을 가지고 있어 프랑크 교회와 마찬가지로 대지주에 해당했다.[181] 그러나 북위의 군주는 종교에 얽매이지 않고 오히려 절을 폐쇄하고 전답을 회수했으며 인구를 다시 편입시켰다.

〈설명〉: 용문석굴(龙门石窟)의 불상

---

181) 陈梦雷,『古今图书集成』,『神异典二氏部彙考』卷上,『卍新续藏』第 88책, 464쪽.

제7절 분할 세계와 혼일천하(混一天下)

서기 800년 샤를마뉴 대제는 교황으로부터 '신성로마황제'라는 대관을 받았다. 그렇다면 프랑크제국은 이 대관식으로 '로마'가 되었을까? 이에 대해 유럽 학계는 수백 년 동안 논쟁을 벌였다. 결국 사학자들은 프랑크가 '로마의 후계자'에 대해 반신반의했다는 것을 인정하지 않을 수 없었다. 샤를마뉴는 로마 황제라는 칭호를 좋아하지 않는다며 교황이 대관식을 할 줄을 사전에 알았더라면 성 베드로 성당에 들어가지 않았을 것이라고 말했다.[182] 샤를마뉴는 황제가 된 후에도 여전히 '프랑크 왕과 롬바르디아 왕'이라는 타이틀을 유지했고, 806년의 유명한 '분국조서(分国诏书)'에는 '로마황제'라는 언급조차 없었다.

〈설명〉: 운강석굴 제20굴 '노천대불' 석가좌상은 운강석굴 불상의 걸출한 대표적 불상으로, 북위 개국황제 도무제(帝道武)의 형상을 본떠 조각된 것으로 추정됨.

---

182) 아인하르트 · 세인트 갈 수도원 승려, 戚国淦 역, 『查理大帝传』, 商务印书馆, 1979년, 30쪽.

프랑크인들은 결코 로마를 흠모하지 않았다. 961년 신성로마제국 황제 오토 1세는 롬바르디아인 주교를 비잔티움으로 파견했다. 비잔틴은 그가 '로마인'을 대표할 자격이 없다고 했다. 이에 주교는 프랑크에서는 '로마인'이라고 말하는 것은 모욕이라고 답했다.[183]

프랑크가 로마와 분리하려는 의지는 프랑크 사서에 가장 잘 나타나 있다.

로마제국의 황금기에 로마 연대기는 그야말로 "온갖 하천이 바다로 흘러드는 형국"이었다. 물론 서로 다른 왕국과 수많은 종족의 원류가 있었지만 결국 로마세계로 합류했고, '신의 계획'은 로마제국에서 실현되었다. 고트와 프랑크의 자체 연대기에서는 자기 종족의 독립적 근원을 강조하며 로마를 역사에서 제외했고, 야만족의 서부 행성(行省)에 대한 '무력침탈'은 '자연계승'으로 바꿔버렸다. 이 같은 '역사 만들기' 운동은 프랑크의 『프레데가 연대기』[184]에서 절정에 달한다. 즉 '로마 질서'는 애초에 존재하지도 않았고, '로마세계'는 시작부터 여러 종족·왕국과 대등하게 발전했으며, 결과적으로 로마제국을 이루지 못했고, 로마인은 여러 종족 중 하나에 불과하다는 것이다.

이를 완성하는 도구가 바로 '인종성'(gens)이라는 개념이다.[185] '인종성'은 게르만인의 자아 정체성을 강화함으로써 게르만 세계를 한때 종속되었던 로마 질서로부터 해방시켰다. 따라서 '종족 분치'는 게르만세계의 핵심적인 특징이 되었다.

샤를마뉴제국은 서로 다른 '민족 집단'으로 구성되어 있다. 궁정

---

183) Helmut Reimitz, History, Frankish Identity and the Framing of Western Ethnicity, Cambridge: Cambridge University Press ,2015, pp. 199-212.

184) 『프레데가 연대기(The Chronicle of Fredegar)』 : , 660년경에 작성한 것으로 추정되고 있다.

185) 王晴佳·李隆国 , 역, 『断裂与转型: 帝国之后的欧亚历史与史学 』, 上海古籍出版社 , 2017년, 290쪽.

사학자들은 샤를마뉴를 프랑크인, 바이에른인, 알레마니인, 튀링겐인, 작센인, 부르고뉴인, 아퀴단인이 함께 뭉친 연합체로 묘사했는데, 공통점은 기독교 하나뿐이었다. 유럽의 역사관은 이로써 '하나의 로마 치세'에서 '다인종 분할의 세계'로 나아갔다.

그러나 중국 오호 정권의 역사관은 유럽의 야만족 역사관과는 전혀 다르다. 민족 고립의 '천하 분할'이 아니라 민족 융합의 '혼일천하(混一天下)'였던 것이다.[186]

민족 정체성에 있어서 유럽 만족사(蠻族史)는 자기 민족과 로마와의 관계를 철저히 단절하려고 했다. 그들은 자기 민족의 먼 시조 신화를 찾아 로마 세계의 '외인'임을 증명하려고 노력했다. 반면 중국 오호의 역사서는 모두 자기 부족의 기원을 어떻게든 화하(華夏)와 연계시키려 애썼다. 절대다수의 오호군주는 지연·혈연에서 염황(炎黃)의 후예이고 화하의 친인(親人)임을 증명하고 싶어 했다.[187]

민족 통치 측면에서 유럽의 야만족은 법을 통해 인위적인 구분을 설정하고 민족끼리 혼거하는 것을 금지했다. 오호 정권은 종래부터 다민족 혼거를 주창해 왔다. 양한(兩漢)시대의 유목민들은 여전히 추장과 한나라 관리들에 의해 이중으로 관리되었지만, 오호가 스스로 발전시킨 인구정책은 보다 철저한 대이동, 대통합, 대편호(大編戶)였다. 오호 정권의 대규모 이민은 50여 차례에 달했는데[188], 걸핏하면 100만 명 단위로 이동했고 게다가 핵심지역의 이동이었다[189]. 북위는 더욱 철저하게 '이산제부, 분토정착(離散諸部, 分土定居)'이라는 구

186) 薛居正 등, 『旧五代史』, 中华书局, 1976, 1,528쪽.
187) 『晋书·载记』, 中华书局, 1974년. 『北史·本纪』, 中华书局, 1974년.
188) 村元佑, 『中国经济史研究』, 东洋史研究会, 1968, 96-99쪽.
189) 『晋书·载记』, 中华书局, 1974년.

호를 직접 외치며 부족추장제를 타파하고 편호(編戶)제도[190]를 실시하였다.

세계관 측면에서 유럽의 야만인 사관은 '인종' 의 정체성이 문명의 정체성을 결정한다고 주장하는 반면, 중국의 오호 사관은 문명의 정체성이 인종이 아닌 덕행에 의해 결정된다는 점을 강조한다. 오호 군주들은 맹자의 말을 인용해 순(舜)임금은 동이(东夷)족이고, 문왕(文王)은 서이(西夷)족이며, 오로지 덕행이 받쳐주기만 한다면 모두 중국의 성인이라고 주장했다.

통일문제에 있어서 유럽 야만인의 사관은 로마세계가 통일되어서는 안 되며 여러 인종에 의해 통치되어야 한다고 믿었다. 반면 중국의 오호 사관은 중화 천하가 통일되어야 하고 분리 통치할 수 없다고 믿었으며, 어떤 민족이 권력을 잡든 간에 모두 대일통을 궁극적인 정치적 목표로 간주했다.

정통성 구축에 있어서 유럽의 야만족 사관은 서로마 제국의 유산을 계승하는 데 흥미를 보이지 않았고, 동로마와의 정통을 다투는 데는 더더욱 관심이 없었다. 반면 중국의 오호 사관은 갖은 방법을 동원해 자기 정권을 중화 왕조의 정통 서열 속에 넣고 지속적으로 남조와 정통을 다투었다.

300년 이상의 끊임없는 혼거생활 끝에 호(胡)와 한(汉)은 마침내 수나라 사람과 당나라 사람이라는 새로운 민족공동체를 형성했다. 이런 대통합은 어느 일방이 다른 일방을 동화시키는 것이 아니라 다자간 상호동화라고 해야 할 것이다. 새로운 정권이 생겼다가 멸망하기를 반복하고, 새로운 민족이 등장했다 사라지기를 반복하는 과정에서,

---

190) 편호제도 : 호적에 편입시키거나 호적을 편성하는 제도를 실시하였다.

어떤 민족이 등장해도 혼거와 융합정책을 견지했기에 '한인'의 수는 점점 더 많아졌다. 그렇다면 한족의 혈통 유전자는 어느 왕조를 기준으로 해야 할까? 아무튼 중화민족의 대규모 교류와 융합의 역사는 이미 2000년 전에 시작되었다는 것은 주지의 사실이다.

〈설명〉 산시(山西) 따퉁(大同) 북위 봉화돌묘(封和突墓)에서 출토된 수렵 문양의 페르시아 은그릇.

이런 사관을 이해하지 못하면, 오호의 군주들이 왜 자기 조상의 풍습을 따르면서도, 조상의 영웅이 아닌 한인(汉人) 황제들을 정치적 롤모델로 삼았는지를 이해할 수가 없다. 또 이런 사관을 이해하지 못하면, 오호가 왜 프랑크처럼 분리하려 하지 않았는지, 자신의 실력에 관계없이 다들 왜 '화이대일통(华夷大一统)'을 추구했는지를 이해할 수 없다.

고대 게르만인들이 '자유로운 별거'에 익숙했다면, 중국의 여러 민족은 '천하지지(天下之志)'를 가지고 있었다. 롬바르디아인들은 동로마 황제의 비아냥거림에 대해 우리는 로마인이 되는 것을 전혀 원하지 않는다고 대꾸했다. 그러나 북위 사람들은 남조(南朝)의 비아냥거림에 대해 남조야말로 '섬나라 오랑캐'라고 받아치며 자신들이야말로 중화의 정통이라고 했다. 북위는 중원을 차지하고 있었을 뿐만 아니라, 문화적으로도 "낡은 풍속을 고친 전형(移风易俗之典)"이었고, "예악(礼乐)과 헌장(宪章)도 전성을 이루었기 때문이다.(礼乐宪章之 盛)"[191]

이것은 허언이 아니다. 동진 말 유유(刘裕)가 왕위를 찬탈하면서부터 남조의 지식인들이 대거 '북쪽으로 탈주하는' 현상이 나타났다. 북위 후기에는 낙양을 백여 평방킬로미터의 '대도시'로 만들어, 남조의 관제(官制), 의관예악(衣冠礼乐), 서화문학(书画文学)을 거침없이 흡수하고 혁신했다. 경학적으로 남북을 관통하는 대유(大儒)는 남조보다 월등히 많았다. 529년 남조 진경지(陈庆之)가 낙양으로 쳐들어온 뒤, 남조 사람들은 "장강 이북은 모두 오랑캐"라고 여겼는데 이제야 "의관사족(衣冠士族)이 중원에 있다는 것을 알게 되었다."고 탄

---

191) 杨衒之 지음, 杨勇校 주석,『洛阳伽蓝记校笺 卷二 』, 中华书局, 2002년, 113쪽.

식했다. 군사적으로 승리해야 할뿐만 아니라 문화적으로도 융합하고 혁신해야 한다. 오호의 이런 기개는 유럽의 고대 게르만인들과는 비길 수 없는 것이다.

〈설명〉: 막고굴(莫高窟) 제103굴 벽화의 일부분. 호인(胡人)들이 코끼리와 당나귀에 각종 화물을 싣고 산길을 걷고 있다.

오호는 성공하였고, 북조와 남조는 함께 이후의 수당(隋唐)문화를 형성하였다. 한나라 문예가 소박하고 간략한 것에 비해, 수나라와 당나라 문예는 더욱 웅장하고 힘차고 컸다. 북위 북제(北齐)와 수당의 석굴조상은 간다라 예술, 굽타 예술과 위진(魏晉)의 풍격을 융합했다. 수나라와 당나라의 칠부악(七部乐)과 구부악(九部乐)은 중원의 가락('청상기(清商伎)', '문강기(文康伎)')과 북조에 성행한 이역지악(异域之乐, '고려기[高丽伎]', '천축기[天竺伎]', '안국기[安国伎]' '구자기[龟兹伎]')을 모두 포함하고 있다. 서역에서 탄생한 비파(琵琶)도 당나라 사람들 마음을 노래하는 악기로 되었다. 북아시아풍과 페르시아풍은 이질적인 문화로 인식되지 않고 모든 중화민족의 사랑을 받았다.

그렇다면 오호는 자아를 잃은 것일까? 아니면 더 큰 자아를 얻은 것일까?

이런 '천하지지(天下之志)'를 이해하지 못하면 '민족융합'을 '민족동화'로, '문화융합'을 '문화유용'으로 오해하게 된다. 유럽 민족주의의 좁은 패러다임으로 생각하면, 영원히 민족 정체성이라는 좁은 정치문화 속에서 맴돌게 될 것이다.

〈설명〉: 운강석굴(云冈石窟)에는 서양에서 전해져온 비파, 공후(箜篌), 필률(篳篥) 등 수십 종의 악기들 500여 점이 조각되어 있다. 특히 운강석굴 12굴은 악기가 많아 '음악굴' 또는 '불뢰동(佛籟洞)'으로 불리기도 한

제 3 장 　중국과 서양의 비교

제1절 　자치와 군현(郡县)

서로 다른 사관(史观)은 서로 다른 문명에서 나온다. 중국의 오호는 중화문명의 '합(合)의 논리'를 발전시켰고, 유럽 야만족은 로마문명의 '분(分)의 논리'를 확대했다.

로마제국은 비록 상층 문관체계를 가지고 있었지만, 그 본질은 여전히 기층(基层)의 자치였다. 이후의 유럽에서는 어떤 체제를 채택하든 국가통치의 틀은 자연적으로 도시자치, 민족자치, 영주자치의 형태를 취했다. 고대 그리스의 폴리스 민주정치부터 로마제국의 자치도시까지, 중세 초기 성이 즐비한 봉건왕국부터 중세 말기의 이탈리아 도시공화국(베네치아, 제노바 등)까지, '작은 공화국' 방안대로 세워진 북미의 각 주공화국(州共和国)부터 유럽의 '1족1국(一族一国)' 패턴의 민족국가까지 모두가 그랬다.

어느 시대든 유럽인의 제도적 사관과 가치의 정체성에는 기층자치가 핵심 코드로 자리매김했다. 타키투스가 '야만인의 자유'를 발견해서부터 몽테스키외가 야만인의 독립적 성격을 극찬하기까지,[192] 프랑수아 기조가 앵글로색슨인의 지방자치 전통에 기원을 둔 대의제

(代议制) 정신을 발견해서[193]부터 토크빌이 미국 민주주의를 지탱하는 향진(乡镇) 자치를 고찰하기까지[194], 결과는 하나였다. 첸무(钱穆)는 이에 대해 다음과 같이 말했다. "그들은 그리스 이래 영원히 분열되어 각자의 나라를 세우고 서로 협력하지 않았다. 큰 적에 직면해도, 위기가 코앞에 박두해도, 각 지역들이 융합이나 협력을 하지 못하는 것은 여전했다.…… 서양역사는 복잡해 보이지만, 사실 단순하다. 외적으로는 복잡해보일지라도 내적으로는 단순했다.…… 서양역사의 소위 영국인, 프랑스인은 단지 화학단위와 같았다. 반대로 중국역사의 중국인은 화학적으로 말하는 혼체제제에 가까웠다."[195]

이에 비해 중국은 어떤 상부구조가 세워지든 국가통치의 기초는 현(县)과 향(乡)으로 대표되는 2급 기층정권이었다.[196] 페너의 말처럼 "중국은 현대적 형태의 관료기구의 '발명자'"였다.[197] 진·한(秦汉)이 중앙집권의 군현제(郡县制) 국가를 구축한 이래, 기층정권의 건설은 중앙에서 파견·관리하는 문관체계에 포함되었다. 역사적으로 극

---

192) 몽테스키외 지음, 张雁深 역, 『论法的精神』, 商务印书馆, 1963년, 241쪽.
193) 프랑수아 기조 지음, 张清津 역, 『欧洲代议制政府的历史起源』, 复旦大学出版社, 2008년, 240쪽.
194) 토크빌은 법치, 특히 민정(民情)이 민주국가를 자유롭게 만들 수 있다고 하면서, 영국계 미국인의 법치와 민정이 이들을 강대하게 만든 특별한 이유이자 결정적 요인이며, 미국인들의 주요 민정은 향진(乡镇) 자치라고 지적했다. "향진 제도는 다수의 독재를 제한하고 있을 뿐만 아니라 인민들이 자유를 사랑하는 습관을 기르고 자유를 행사하는 예술을 습득하게 한다." 토크빌 지음, 董果良 역, 『论美国的民主』, 商务印书馆, 2004년, 356쪽·332쪽.
195) 钱穆, 『中国历史研究法』, 九州出版社, 2012, 113쪽.
196) 한나라 때 지방의 행정 등급은 군郡과 현(县) 두 개에 불과했지만, 현 이하의 기층 정권 체계는 매우 완벽했다. 군의 태수와 현령은 모두 중앙에서 파견되었다. 현의 관할 구역은 다시 서로 다른 향(乡)과 리(里)로 나뉜다. '삼로(三老)'가 관할하지만 교화만 담당하고 사회 관리는 담당하지 않으며 구체적인 업무는 색부(啬夫), 유질(有秩), 유오(游徼)가 담당했다. 색부와 유질은 세금 징수, 부역 조직, 사법 업무를 담당했고 유오는 사실상의 경찰 수장이었다. 시골에는 정(亭)을 설치하고 정장(亭长)이 관리하도록 했는데, 법과 질서를 유지하고 역참을 관리하며 경찰 기능을 겸하였다. 정(亭) 아래에 리(里)를 두어 리정(里正)이 관리하도록 했다. 페너 지음, 马百亮·王震 역, 『统治史(卷一) : 古代的王权和帝国』, 华东师范大学出版社, 2010년, 332쪽.

히 짧은 봉건적인 할거도 있었지만, 대일통의 중앙집권적 군현제가 주류를 이루었다. 중국은 정치적 실권이 없는 식읍제(食邑制)나 기층의 관신(官紳) 합작제도 등 봉건제의 변형을 더러 남기기도 했지만, 이는 모두 제한적 자치에 불과하며, 국가권력은 이미 사회구조의 각 세포에 내장되었기에 유럽식 기층 자치는 존재하지 않았다.

기층 자치와 기층정권에는 두 가지 문명의 논리가 있다.

로마의 시각으로 봤을 때, 진·한의 중앙집권의 약점은 "머리털 한 오라기를 당겨도 온몸이 움직이는 것이고", 지방적 반란은 전국적인 폭동으로 번지기 쉽다고 생각할 것이다. 로마역사에서 일어난 반란이 모두 지방적이었던 것을 생각하면(바가우다이 봉기는 제외), 기층의 자치도 장점이 있었다. 페너는 "한 제국(汉帝国)의 생존을 위협하는 중국식 농민봉기는 로마에서는 종래 일어나지 않았다."[198]고 말했다.

진·한의 시각으로 봤을 때, 로마 이후 유럽에서 인종과 종교로 인한 문명의 충돌이 천 년이나 지속되었다는 것은 의아하지 않을 수 없는 일이다. 5~7세기에는 비잔티움과 페르시아와의 전쟁 6회, 7~11세기에는 아랍과 비잔티움의 전쟁 400년, 8~15세기에는 스페인 기독교와 무슬림 간의 전쟁 800년, 11~13세기에는 동부 지중해 지역을 차지하기 위한 십자군 전쟁 8회, 13~15세기에는 비잔티움과 오스만 전쟁과 스코틀랜드의 반 잉글랜드 전쟁, 1618~1648년 사이에 유럽 전역이 휘말린 30년 종교전쟁 등 민족과 종교의 진정한 화해는 거의 없었다. 따라서 '문치(文治)'에 있어서는 중화문명이 고대세계의 전체를 앞섰다고 할 수 있다. '로마 자치'가 더 우월하다고 판단한 페너도 다음과

197) 페너 지음, 马百亮·王震 역, 『统治史(卷一) : 古代的王权和帝国』, 华东师范大学出版社, 2010년, 71쪽.
198) 페너 지음, 马百亮·王震 역, 『统治史(卷一) : 古代的王权和帝国』, 华东师范大学出版社, 2010년, 348쪽.

같이 인정하지 않을 수 없었다. "한 제국(汉帝国)은 그 전후의 다른 나라나 제국, 특히 로마와는 달리 군사적 영광을 경멸했다. 그것은 진심으로 군국주의에 반대하는 제국이었다. 그 특징은 '교화(教化)', 즉 중국인이 말하는 '문(文)'에 있었다. 이러한 종교적 관용(무관심일 수도 있음)과 문명 교화에 대한 제창은 제국의 영광스러운 이상을 구성했다."199)

서양사회는 '소공동체' 내에서 생활하기를 좋아했다. 폴리스정치에서 봉건 자치에로, 다시 소공화국, 미국의 향촌자치에 이르렀고, 결국 자유주의적 '개인 권리 우선(个人权利至上)'으로 진화하게 되었다. 중국사회에도 가족, 삼로(三老, 옛날 교화를 관장하는 향[乡]의 관리), 향신(乡绅)과 각종 민간 동아리 등 다양한 '소공동체'가 있었지만, 궁극적으로는 '대공동체' 즉 '가국천하(家国天下)'를 추구했다.

다우닝, 찰스 틸리, 맥닐, 마이클 맨 등 서구의 많은 학자들은 중세의 분열과 혼란이 오히려 진보를 가져왔다고 믿는다. 유럽에서 벌어진 일련의 전쟁은 유럽의 상비군, 유럽의 이성적 관료제, 유럽의 현대 민족국가와 산업자본주의를 잉태했기 때문이다.200) 서로를 한 번에 제압하기 어려운 이러한 국지전이 수백 년 동안 지속되면서, 패배한 쪽은 지속적으로 경험을 요약하고 기술의 축적과 발전을 촉진하게 되었다는 것이다. 또한 봉건사회의 분열성과 계급성은 상업자본의 발생에 유리했고, 상업이 통제하는 독립도시가 출현하면서 자본주의로 발전하기가 더욱 쉬워졌으며, 이러한 봉건제, 약소국가, 다국적 경쟁체

199) 페너 지음, 马百亮·王震 역, 『统治史(卷一): 古代的王权和帝国』, 华东师范大学出版社, 2010년, 350쪽.
200) 예컨대 영국과 프랑스는 백년전쟁(1337~1453년)으로 인해, 국왕에 예속된 상비군이 생겼고, 백성에 대한 직접 세수 능력을 가지게 되었다. 하지만 귀족과 교황청, 도시중산층 등 여러 세력에 의해 억압된 유럽의 국가역량은 끝내 중국식으로 발전하지 못했다. 赵鼎新, 「中国大一统的历史根源」, 『文化纵横』, 2009년, 6기.

제는 근대 유럽이 모든 고대문명을 뛰어넘는 원인이 되었다는 것이다.

　반대로 중국은 너무 통일돼 있어 천 년에 이르는 국지전이나 다원적 경쟁체제가 없었으며, 또한 너무 집권적이어서 귀족과 상인의 지배를 세습하는 자치도시가 없어 공업자본주의가 생겨나지 못했다는 것이다. 결과적으로 '대일통'은 오히려 역사 진보에 걸림돌이 되었다는 것이다. 하지만 천 년에 이르는 '전쟁의 정글'과 '종교의 충돌'을 감수하고 원시자본주의의 탄생을 바꿀 의향이 있느냐고 중국인들에게 묻는다면, 부정적인 답안이 주를 이룰 것이 자명하다. 중국의 춘추시대는 다국적 경쟁과 분봉제로 대표되는 시대였다. 진나라가 6개국을 통일한 것도, 한나라가 안 좋은 여론에도 불구하고 진나라의 제도를 계승한 것도 전국시기 300년이라는 대규모 전쟁의 폐해를 경험한 민간에서 "천하가 고통스러운 전란에서 헤어 나오지 못하는 것은 분할된 봉분제 때문이다(天下共苦战斗不息，以有侯王)"라는 공감대를 형성했기 때문이다. 중국은 이 단계를 거치지 않은 것이 아니라 이 단계를 거치고 버린 것이다. 이른바 '상비군'과 '이성적 관료체제'는 중국 진·한(秦汉) 때부터 존재했는데, 유럽보다 1800년 앞선 것이다. 중화문명의 현대적 변혁에 대한 진정한 실험은 '대일통'의 전제하에서, 어떻게 하면 질서와 자유를 동시에 실현할 수 있는지, 어떻게 하면 '대공동체'와 '소공동체' 제도의 장점을 동시에 가질 수 있는지에 있다. 이는 서구의 다원 자유주의보다 높은 기준인 것이다.

제2절   화하(华夏)와 내륙아시아

서구 중심주의자들은 로마와 프랑크를 모델로 삼아 다른 문명을 이해하곤 했다. 이를테면 프랑크 왕국의 '복합적 군권(君权)'에서, 샤를마뉴 대제는 '프랑크 왕과 롬바르드 왕'이라는 족장 신분이 주요한 것이고, 로마황제라는 신분은 그 다음 순위이다. 샤를마뉴 제국은 다민족의 연합체로서, 황제가 조서를 내리기만 하면 이탈리아 · 프랑스 · 독일로 나뉠 수 있었다. 어떤 학자들은 이런 패러다임을 중국에 적용하려 했다. 예를 들어, 미국의 신청사(新清史) 학자들은 청나라 황제도 '복합적인 군권'이라고 주장하고 있다. 청나라 황제는 만주족 족장, 한족 황제, 몽골족 칸, 티베트 불교의 문수보살의 화신 등 여러 신분을 가지고 있으며, 중원 · 동북 · 몽골 · 티베트의 통일은 황제의 '다중 신분'에 의해 연결돼 있기에 청나라 황실이 붕괴되면 각 종족은 각자 자유로워진다는 것이다. 이것은 몽골과 중원의 통치시스템을 완전히 무시하는 것이다. 청나라는 동북에서 융통성 있게 군현제를 실시했고, 도시에서도 곧 만주족과 한족의 격리정책을 없앴다. 일시적으로 부족 내 통치권을 유지했지만, 결국 몽골의 맹기제(盟旗制), 남쪽의 개토귀류(改土归流) 등 군현제로 넘어갔다. 중국의 호인(胡人)군주의 신분에 대한 이해는 우선 자민족의 족장이 아닌 중국황제로서, 호(胡)와 한(汉)의 구별 없이 모든 중국인을 통치하는 합법성을 상징한다.

서양의 일부 학자들은 중국역사를 '문화코드'와 '문화정체성'으로 해석하기도 한다. 그들은 신장 · 티베트 · 몽골과 동북3성을 '내륙 아시아(inner Asia)'로 나누고, 북위에서 요나라 · 금나라 · 원나라 · 청나라에 이르는 북방 민족이 세운 정권에서 '내륙아시아' 의 문화적 정체성을 찾아 '침투왕조' 와 '정복왕조' 로 나누는 데 열을 올리고 있다. 이들은 일부 유목민 특유의 풍속과 의궤를 근거로 이들 왕조의 내륙아시아적인 성격을 단정했다. 이를테면 고환(高欢)이 북위 황제를 일곱 사람이 받드는 '검은 모전(黑毡)' 에서 즉위하도록 한 '대북구제(代北旧制)', 몽골이 남긴 행전(行殿) 풍습, 청나라에서 성행한 '샤먼굿' 과 '입간대제(立杆大祭)' 와 같은 초원의 제천의식이다. 이는 '예속(礼俗)' 과 '정도(政道)' 의 차이를 제대로 파악하지 못한 것이다. 중국문명의 핵심은 의례 · 풍속 · 예술 · 생활습관이 아니라 어떤 기본제도로 정치를 구성하느냐에 있다. 따라서 북방민족에서 온 천자는 '검은 모전' 위에 앉아 즉위하든 교례(郊礼)를 통해 즉위하든, 관을 쓰든, 변발을 하든, 샤머니즘을 믿든, 불교를 믿든 상관없이 분치(分治)가 아닌 유법(儒法)의 대일통을 실행했던 것이고, 부락 신권제(神权制)가 아닌 군현 문관제를 실시하였으며, 민족차별이 아닌 민족평등을 실행하기만 한다면 모두 중국의 천자가 되었던 것이다.

고환은 비록 선비족 옛 의례로 새 황제를 세웠지만 관제와 법률에서는 '한화(汉化)' 를 계속했고, 북제(北齐)의 법률은 결국 수나라와 당나라의 법률로 진화했다. 또한 시험을 통해 관원을 선발하는 규모는 북제가 남조보다 훨씬 더 컸다.

서요(西辽)의 야율대석은 중앙아시아와 신장으로 패퇴하고 카라키타이라는 나라를 세워 스스로를 갈칸(葛尔汗)이라고 불렀다. 당시 중앙아시아는 모두 '이크타' 분봉제를 실시하고 있었다.[201] 그러나 야율대석은 '이크타' 를 없애고 중원왕조의 제도를 이식했다. 행정적으

---

201) 바르톨트 지음, 张丽译 역, 『中亚历史：上册』, 兰州大学出版社, 2013년, 138쪽.

로는 중앙집권, 직할영지에서는 문관제를 실시하여[202] 병권을 중앙에 귀속시키고[203] 한자를 공식문자로 하였다.[204] 세금은 가구당 1개의 '디나르'만 부과하는데, 바르톨트는 이것이 중국의 십일조라고 생각했다. 서요 때문에 러시아와 중앙아시아는 지금도 중국을 '치탄(契丹, 거란)'이라고 부른다.

원나라는 중앙집권적 정치제로서 중앙에는 중서성의 총리 정무를 두고 지방에는 '행중서성(行中書省)'을 두었다. 문화적으로는 여러 종교들이 병존하지만 정치적으로는 여전히 유교로 나라를 다스렸다. 다른 3대 몽골 칸국은 모두 분봉제였으나 쿠빌라이는 1271년 역경(易经)의 '대재건원(大哉乾元)'이라는 구절에 근거해 '대원(大元)'으로 국호를 바꾼 뒤 중원 왕조로 탈바꿈하게 된다. 원나라의 역대 황제들은 유가를 공부하지 않은 이가 없었다. 따라서 존호(尊号)·묘호(庙号)·시호(谥号) 등의 한식(汉式) 명칭을 사용하였으며, 도성(都城)·궁궐(宫阙)·조의(朝仪)·인새(印玺)·피휘(避讳) 등의 한식(漢式) 전제(典制)를 보완했다.[205]

청나라의 정치적 구성은 말할 것도 없고 모든 이론적 자원과 제도

---

202) 직할영지에는 서요의 칸 권력의 상징인 사혜나(沙黑纳)가 파견돼 있었다. 이것은 지방의 안정을 유지하는 사회 관리 제도이다. 사혜나는 지방장관이자 관리기관으로 일정 규모의 군사력을 보유하고 있었으며 지방정무를 처리하고 세금을 징수하는 역할을 맡았다. 관제를 수립한 정황을 보면, 『요사·서요시말(辽史·西辽始末)』에는 야율대석이 북정(北庭)에서 7주 18부(七州十八部)를 집결한 뒤, 자체 관료체제를 구축했다는 기록이 있다. 그 대신의 직함인 '육원사(六院司)'·'초토사(招讨使)'·'추밀사(枢密使)' 등으로 보아 서요의 관제는 요북(辽北)의 남면관(南面官) 제도에 대한 답습으로, 중앙집권과 속국 제도의 연장선상에 있었음을 알 수 있다.

203) 바르톨트 지음, 张丽译 역, 『中亚历史·上册』, 兰州大学出版社, 2013년, 49쪽.

204) 키르기스스탄에서 최근 몇 년 동안 서 동전이 4개 출토되었는데, 이는 당전(唐钱)과 같은 형태이며 '속흥원보(续兴元宝)'라는 한자가 새겨져 있다.

205) 张帆, 「论蒙元王朝的"家天下"政治特征」, 『北大史学』, 2001년 제1기, 50-75쪽.

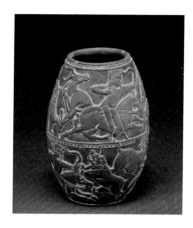

〈설명〉: 허톈박물관(和田博物馆)은 북조 수렵 무늬의 단이석잔(单耳石杯)을 소장하고 있는데, 이 단이석잔은 실크로드에서 활약하던 소그드인과 관련이 있다. 잔 벽에는 수렵무늬가 얕게 조각되어 있는데 기수가 활을 당겨 사자를 쏘고 있음을 표현한다. 이런 수렵무늬는 소그드인들의 금은기와 입화(入华)한 소그드 묘장석곽(墓葬石椁)에서 비교적 흔히 볼 수 있다.

적 배치는 모두 중화문명에서 비롯되었다.206)

초원민족이 세운 왕조의 풍습과 의식은 특별한 의미가 있는 것이 아니며, 국가의 성격을 바꾸는 것은 주로 통치시스템에 달려있다. 샤를마뉴는 '신성 로마'의 대관식을 받아들였지만, 카롤링거왕조를 '로마'로 만들지는 못했다. 프랑크의 통치체계가 로마의 방식을 따르지는 않았기 때문이다. 반대로 청나라는 만주족 식으로 머리를 깎고 만주족의 옷을 입도록 했지만 여전히 중국이었다. 왜냐하면 그 통치체계가 중국의 방식을 따랐기 때문이다.

'화하'와 '내륙아시아'의 관계는 항상 "네 속에 내가 있고", "내 속에 네가 있다"였다. 앞으로 보면, 하·상·주(夏商周) 시대에도 '내륙아시아'가 있었다. 산시(陝西)성 스마오 유적(石峁遺址)에서는 유라시아 초원 양식 석조인상과 석성(石城)이 출토되었고, 은허(殷墟)의 무덤에서는 초원민족 양식의 청동기가 다량 출토되었으며,207) 간쑤 리런(甘肅礼县)의 진공대묘(秦公大墓)에서는 진나라 사람들 가운데

---

206) 杨念群, 『何处是"江南"』, 三联书店, 2010년.

207) 何毓灵, 「殷墟"外来文化因素"研究」, 『中原文物』, 2020, 2기.

강인(羌人)과 저인(氐人)이 많이 섞여 있는 것으로 나타났다. 뒤로 보면, '마지막 한인왕조'라는 명나라에는 몽골의 유풍이 많이 배어 있었다. 주원장(朱元璋) 조서의 언어 스타일은 바로 원대의 경역(硬译) 공문서 문체이다. 명나라 황제는 또한 초원의 칸, 티베트의 문수보살과 전륜성왕(转轮圣王), 이슬람 보호자(庇护者) 등의 신분을 동시에 가지고 있었다.[208] 심지어 '명나라의 한복'에도 원나라의 풍격이 들어있었다.[209]

인종·종교·풍속·신화로 세계를 나누는 것이 서구문명의 관습이다. 이들의 역사에서는 현대 문관체제가 늦게 등장했고, 정치적 통합사회의 전통도 드물었기 때문이다. 최근 몇 년 동안 서구는 '문화 부호'와 '정체성 정치'를 강화하고 있는데, 스스로에게도 '부족정치'의 분열 결과를 초래했다. 이에 대해 후쿠야마는 다음과 같이 반성했다. "민주사회는 갈수록 좁아지는 정체성의 파편들로 단절되어 가고 있는데, 그 길은 국가의 붕괴를 초래할 수밖에 없을 것이고, 결국 실패로 귀결될 것이다." 그는 일종의 '신조식 국가 정체성(national identities)'인 국족 정체성(国族认同)을 호소했다. "이런 정체성은 공통의 개인적 특징, 삶의 경험, 역사적 유대나 종교적 신념에 근거하지 않고 핵심 가치와 신념을 중심으로 세워진다. 이러한 관념의 목적은 국민들이 국가의 근본이념에 공감하도록 독려하고, 공공정책을 활용해 의식적으로 새로운 구성원을 통합하려는 것이다."[210]

---

208) 钟焓著,「简析明帝国的内亚性: 以与清朝的类比为中心」,『中国史研究动态』, 2016년, 5기.

209) 罗玮著,「明代的蒙元服饰遗存初探」,『首都师范大学学报(社会科学版)』, 2010년, 2기.

210) Francis Fukuyama, Against Identity Politics: "The New Tribalism and the Crisis of Democracy", Foreign Affairs, 2018, Vol.97, No.5.

제3절 이하지변(夷夏之辨)과 중화무외(中华无外)

이하지변(夷夏之辨), 즉 한족과 오랑캐의 구분에 대한 논쟁은 천년이 넘도록 그치지 않았다. 지금도 '뭐가 중국이냐?' 는 논쟁이 이어지고 있다. 많은 논자들은 사서의 '단편구절' 만 발췌해서 자기의 주장을 내세우고 있는데, 이는 역사의 완전성을 무시한 것이다.

최초의 '이하지변' 은 『춘추공양전(春秋公羊传)』에서 비롯되었다. "남이와 북적이 아래위로 침공하니, 중국은 팽팽한 한 가닥 실처럼 위태롭게 되었다.(南夷与北狄交, 中国不绝若线)" '북적(北狄)' 은 제환공(齐桓公)으로 하여금 처음으로 존왕양이(尊王攘夷), 즉 임금을 추앙하고 오랑캐를 물리치게 한 '백적(白狄)' 을 말한다. '남이(南夷)' 는 초(楚)나라를 말한다. 하지만 전국(战国)시기에 이르면서, 특히는 진·한(秦汉)시기에 이르러, 원래의 '화(华)' 와 '이(夷)' 는 모두 '편호제민(编户齐民)' 이 되었다. 온 천하가 모두 왕법(王法)을 따랐고, 민족의 구별이 없어졌다.

두 번째 '화이지변(华夷之辨)' 의 극치는 남북조(南北朝)시기에 있었다. 서로 상대를 이적(夷狄)이라고 비난하면서 자신의 정통성을 내세우려고 한 것이다. 그러다가 당나라 때에 이르러서는 '화이지변' 이 흐지부지되었다. 당태종(唐太宗)은 다음과 같이 말했다. "자고로 통치자들은 중화를 귀하게 여기고 이적을 하찮게 여겼다. 하지만 짐은 조금도 차별하지 않는다.(自古皆贵中华, 贱夷狄, 朕独爱之如一)" 조정의 안팎은 여러 민족의 엘리트들로 넘쳐났다. 나중에 있은 '안사지란(安史之乱)' 은 번진(藩镇)의 세력이 과도하게 커졌기 때문에 일어난 것이지, 민족분쟁 때문에 일어난 것은 아니었다.

205

세 번째 극치는 송(宋)나라 때에 있었다. 송나라의 경제문화는 절정에 달했지만 통일을 이룰 힘은 없었다. 요금(辽金)과 서하(西夏)의 군사적 강세[211]에 맞서, 송나라는 스스로를 고착화하여 대응할 수밖에 없었다. 송진종(宋真宗)은 천서봉선(天书封禅)이라는 자작극까지 연출했고, 사대부들은 다시 '화이지변'을 들고 나왔다.[212] 사실 요하금(辽夏金)은 모두 한(汉)문명을 흡수했고, 남북은 모두 같은 언어를 구사했다. 원(元)나라에 이르러 '화이지변'은 다시 시들해졌다. 하지만 이른바 '4등인제(四等人制)'[213]는 지금도 논란이 되고 있다.

네 번째 극치는 명나라 중기에 있었다. 명나라 초기에 주원장(朱元璋)은 원나라를 반대하여 한(汉)을 복원하자고 호소하였으나, 즉위하고 나서는 원나라의 중원 입성을 '천명'이라고 인정하고, 천하통일을 설파했다. 그는 "화(华)와 이(夷)는 성씨는 서로 달라도 짐은 이들을 똑같이 사랑한다."고 하면서, 쿠빌라이를 역대 제왕묘(帝王庙)에 올려 삼황오제(三皇五帝), 양한(两汉)과 당송(唐宋)의 개국 군주와 나란히 제사를 지냈다. 다만 토목보의 변(土木堡之变)[214]으로 영종이 포로로 잡히자 명나라의 자존심이 크게 상하자 쿠빌라이를 제왕묘에서 내렸다.

다섯 번째의 극치는 '명청역대(明清易代)' 즉 명나라가 청나라로 교

---

211) 979년에 송태종(宋太宗)은 북한(北汉)을 토벌하면서 다음과 같이 말했다. "만약 북조(北朝)가 북한을 지원하지 않으면, 우리와의 평화협약은 변함이 없을 것이다. 하지만 지원한다면 바로 전쟁이다." 脱脱 등, 『辽史·本纪』, 中华书局 1974년, 101쪽.

212) 남송(南宋)의 시사(诗词)에서는 흔히 북방을 멸시하여 '호노(胡虏)', '성전(腥膻)'이라고 불렀다.

213) '사등인제(四等人制)': 비록 관련법령이 발견되지는 않았지만 『몽올아사기(蒙兀兒史記)』에 기록이 있어 학술계에서도 공인되고 있다. 원나라가 건립된 후, 몽골인은 통치민족으로서 1등급이 되고, 그 다음은 정복지구 민족의 순서에 따라, 차례로 색목인, 한인, 남인의 3개 등급이 있었다. 4등인의 정치적 대우는 차이가 있었다. 관직, 과거, 형률 등에서 모두 서로 다른 대우를 받았다.

214) 토목보의 변 : 명 정통 14년(1449)에 명 영종이 4번째 북벌 시 명나라 군대가 토목보에서 서부의 몽고민족 와칙(瓦敕)군대에 패한 사변.

체된 때이다. 강희(康熙)제가 공자를 참배한 후, 역대의 청나라 황제들은 모두 한(汉)문명을 추진했다. 따라서 '화이지변'은 또다시 흐지부지해졌다.

이(夷)와 하(夏)의 구별은 문화제도의 각도에서 논해야 할 것이다. 중화의 도통(道统), 법통(法统), 정통(政统)을 계승하기만 하면 천명을 얻는 것이었다. 천하에는 내외의 구분이 없기 때문이다. '화이지변'의 강약은 국가가 통일되었느냐 분열되었느냐에 달렸다. 분열되기만 하면 여러 민족들은 "서로를 오랑캐라고 헐뜯었다." 반대로 통일왕조가 생기면 통치자들은 극력 '화이지변'을 억제하려고 했다.

로마도 마찬가지였다. 로마제국이 한창일 때의 철학은 '세계주의'였다. 4세기 이전 로마 사학자들은 '야만족'에 대한 찬사를 아끼지 않았다. 이를테면 타키투스는 게르만민족이 민주적이고 천성이 순박하며 상무정신이 있다고 칭찬했다.

로마제국 중기 이후의 막시미누스, 클라우디우스 2세 등 여러 황제들은 '야만족의 혈통'을 갖고 있었다. 또한 가이너스, 사울, 바쿠리우스, 에티우스, 오비다 등 제국의 여러 명장들도 '야만족' 출신이었고, 심지어 서고트 침공에 저항한 로마의 명장 스틸리코도 반달 출신이었다. 4세기 이후 제국은 분열되고 로마인들은 원망으로 가득 차 있었다.[215] 6세기의 한 사학자는 콘스탄티누스 대제를 제국 쇠망의 장본인이라고 비난했다. 야만족을 대거 끌어들였다는 것이 이유였다. 야

---

215) "고트족이 학살하고 약탈하고 불태우면서 가는 곳마다 난장판을 만들었다. 그들은 사람만 보면 죽였는데 남녀노소를 가리지 않았고 강보에 싸인 갓난아기까지 놓치지 않았다. 여자들은 자기 남편이 죽임을 당하는 것을 지켜보면서 그들에게 끌려갔다. 사내애들은 부모의 시신에서 떼어내어져 강제로 끌려갔다. 많은 노인들이 양손을 뒤짐 져 묶인 채 타향으로 유배되었고, 잿더미로 변한 고향을 향해 눈물을 펑펑 쏟았다. 그들은 자신은 살아남았지만 재산과 여자를 잃었다고 한탄했다." 피터 헤더 지음, 向俊 역, 『罗马帝国的陨落』, 中信出版集团, 2016년, 200쪽.

만족들도 "영웅은 어디에도 있다."고 논증하기 시작했다. 이를테면 테오도리쿠스는 말년에 보이티우스에게 배신당한 뒤 궁정 사학자들에게 '고트인 역사'를 쓰라고 지시해 17대째 이어지는 가문의 빛나는 역사를 강조했다.[216]

모든 문명의 내부에는 공통성과 차별성이 있다. 공동체가 분열될 때 각각의 정치파벌들은 경계를 정하고 자아를 공고히 하기 위해 차이를 과장하고 공동체를 깎아내리며 영구적인 분열로 나아가게 된다. 설령 같은 조상·언어·기억·신앙이 있다 하더라도 정치의 다원적 경쟁이 존재한다면 반드시 이런 비극이 일어날 것이다. 그러니 종파가 분열되고 민족이 와해되는 것은 어쩌면 당연한 귀결이었다.

정치적 통일은 문화의 다원적 존재의 기초이다. 정치적 일체성이 공고해질수록 다문화는 개성을 한껏 드러낼 수 있고, 정치적 일체성이 취약할수록 다문화는 서로 싸우다가 결국 소멸한다. 일체(一体)와 다원(多元)은 이것이 내려가면 저것이 올라가는 관계가 아니라, 함께 약해지고 함께 강해지는 관계이다. 일체와 다원의 변증법적 관계를 이해하지 못하면, 세상을 갈라놓기도 하고 스스로를 혼란에 빠뜨리기도 한다.

---

216) 피터 헤더 지음, 向俊 역, 『罗马的复辟』, 中信出版集团, 2020년, 5쪽.

〈설명〉: 이탈리아 로마의 트레비 분수

〈설명〉: 이탈리아 고대 로마 아우구스투스 신전 유적

맺 음 말

제1절 모체의 회귀

일체와 다원의 개념은 지난 세기 중국의 두 대학자와 얽혀있다.

한 사람은 꾸제깡(顾颉刚)이다. 신문화운동은 강맹한 급진주의자들을 만들어냈다. 꾸제깡이 바로 그 첫 번째 인물이다. 1923년 30세의 이 쑤쩌우(苏州) 청년은 삼황오제(三皇五帝)를 맹비난하며 상고사를 유가가 층층이 쌓아서 '만들어낸 것'이라고 주장했다. 그는 실증적 방법으로 모든 것을 검열해야 한다고 하면서, 누구든 하(夏)·상(商)·주(周)의 존재를 증명하려면 해당 증거를 제시해야 한다고 주장했다. 그는 사회학적·고고학적 방법으로 고서들을 상호 대조하여, "감히 '경(经)'과 '전(传)'과 '기(记)'의 모든 우상을 타도했다."[217] 이 운동이 극에 달하면서 "하(夏)나라의 우(禹)왕은 한 마리 벌레에 불과하다."는 말까지 나왔다. 호적(胡适)은 이를 극찬하며 다음과 같이 말했다. "옛것을 의심하여 잃어버릴지언정, 옛것을 믿음으로써 잃어서는 안 된다.(宁疑古而失之，不可信古而失之)"[218]

그는 이런 방법으로 "민족은 일원(一元)으로부터 나온다.", "지역은

---

217) 顾颉刚, 『古史辨』, 上海古籍出版社, 1981년, 12쪽.
218) 顾颉刚, 『古史辨』, 上海古籍出版社, 1982년, 23쪽.

항상 통일된다." 등 논조를 부정했다. 그는 고대에는 "민족마다 자기의 시조가 있었을 뿐, 여러 민족이 공인한 시조는 없었다."며 "원래는 각기 다른 시조가 있었는데 무슨 통일을 요구하느냐."고 주장했다.[219] '의고론(疑古论)'이 나오자 사상계에 지진이 일어났다. 역사가 와해되면 결국 '중국 정체성'이 와해되는 것이다. 하지만 꾸제강은 전혀 개의치 않았다. 그는 이런 완전히 새로운 방법만이 썩어빠진 2000년 지식의 계보를 다시 만들 수 있다고 여겼다. 그는 신문화운동의 선봉에 선 인물들과 마찬가지로 새로운 중국을 만들기 위해 노력했다.

그러나 중국의 상고사를 최초로 문제 삼은 것은 꾸제깡이 아니라 제2차 세계대전 전 일본의 동양사학자들이었다.[220] 20세기 초 이들 사학자들은 동양 민족의 눈으로 동아시아 문명의 흥망성쇠, 민족 간의 쇠락과 방국의 흥망을 서술했다. 대표적인 인물인 시라토리 구라키치기(白鳥 庫吉)[221]는 요·순·우(尧舜禹)는 실존하는 인물이 아니며 후대의 유가가 만들어낸 '우상'에 불과하다는 실증사학 접근법을 내세웠다. 가뜩이나 건가고증(乾嘉考据) 정신[222]의 영향을 받은 꾸제깡은 시라토리 구라키치기를 신봉하여 "상고사를 때려눕히자."고 주

---

219) 1923년 5월 꾸제깡은 『전현동선생과 고사를 논하다(与钱玄同先生论古史书)』라는 글에서 해당 관점을 발표했다. 동시에 그는 또 다음과 같이 말하기도 했다. "춘추 이래 대국이 소국을 많이 점령하여 국경이 날로 커지고, 민족은 날로 병합되면서 종족 관념은 점차 희미해지고, 통일 관념은 점차 강해졌다. 따라서 많은 민족의 시조 전설도 점차 한 갈래로 융합되었다." 顾颉刚, 『顾颉刚全集·顾颉刚古史论文集』(卷一), 中华书局, 2010년, 202쪽.

220) "이른바 동양사란 주로 동양 아시아의 민족의 성쇠, 방국의 흥망을 밝히는 일반적인 역사로 서양사와 병립하여 세계사의 절반을 이루고 있다." 쿠와바라 지츠조, 『中等东洋史』, 『桑原隲藏全集』(第四卷), 岩波书店, 1968년 17쪽.

221) 시라토리 구라키치(일본어: 白鳥 庫吉, 1865 ~ 1942) 일본의 동양학자로 도쿄 제국대학의 교수를 지냈다. 야마타이국의 기타큐슈 발원설을 처음으로 제시한 인물이다.

222) 건가고증 정신 : 청대의 한 학술 유파로 중국 고대사회의 각 방면에 대한 고증과 저술을 발표하면서 얻은 명칭이다. 이 학파의 이름은 건륭과 가경 양조에 극성기에 달하면서 얻게 되었다.

장했다.

그러나 소위 동양사학자들은 학문적 혁신을 하면서도 한편으로는 "종족에 따라 중국을 해체해야 한다."는 이론을 발전시켰다. 이를테면 "만리장성 이북은 중국이 아니다"라는 이론, "중국에는 국경이 없다"는 이론, "만주족·몽골족·티베트족·회족은 중국이 아니다"라는 이론, "청나라는 국가가 아니다"라는 이론, "이민족의 정복은 곧 행복이라"는 이론 따위이다. 이는 오늘날 미국 '신청사(新清史)' 역사관의 전신이자 리덩훼이(李登辉) 등 대만 독립파들이 독립을 주장하는 근거가 되었다. 동양사학자들은 또 위진남북조(魏晋南北朝) 이후 '옛 한인(古汉人)'들은 쇠락했고, 만주족이나 몽골족은 맹목적으로 자고자대하는 '오랑캐병'에 걸렸다고 주장했다. 따라서 일본만이 북방민족의 용무정신과 남방 한인(汉人)의 세련된 문화의 장점을 집약해 동아시아 문명을 살리는 '문명의 종착지'라는 것이다. 또 일본 문화는 중국문화의 자극을 받아 성장한 하위시스템으로 중화문명을 계승할 자격이 있으며, 중화문명의 중심은 일본으로 넘어갈 것이라고 주장했다.

꾸제깡은 비로소 정신을 차렸다. '9·18사변'이라는 전쟁의 포연 앞에서 일찍이 동양사학에 심혈을 기울였던 그는 마침내 학술과 정치의 관계를 깨달았다.

1938년에 꾸제깡은 일본이 서남지역에서 태국어족과 미얀마어족의 독립을 계속 부추기는 것을 직접 목격했다. 또 푸스넨(傅斯年)의 정신에 충격을 받은[223] 그는 마침내 자신의 출세 이론을 부정했다. 병중에 있던 그는 1939년 2월 9일 지팡이를 짚고 책상에 가서 『중화민족은 하

---

223) 顾颉刚,「中华民族是一个」,『益世报·边疆周刊』, 9기, 1939년 2월 9일..

나』를 집필했다.[224] 그는 '민족' 이라는 낱말로 국내의 여러 족속들을 구분하는 것을 반대하며 '문화단체' 로 바꿀 것을 제안했다. "예로부터 중국인들은 문화적 관념만 있을 뿐 인종적 관념은 없었다."는 것이다. 실제로 꾸제깡은 여기서 "같은 정부 아래 인민"은 같은 '국족(国族)', 즉 중화민족에 속한다는 '국족' 개념을 제시했다.

그는 자신의 출신을 예로 들어서 다음과 같이 말했다. "나는 꾸 씨 성을 가진 강남의 구족(旧族)이다. 생각해 보면 내가 중국인이나 한인(汉人)이라는 것을 인정하지 않는 사람은 없다. 그러나 우리 집안은 주진(周秦) 때 단발에 문신을 한 백월(百越)족의 하나였는데, 그때는 절강(浙江)의 바닷가에 살았고, 중국과 통하지 않았기에 중국인으로 볼 수 없었다. 그러던 중, 우리 조상인 동구왕(东瓯王)이 한나라를 흠모하여, 한무제(汉武帝)에게 그의 백성들을 강회(江淮) 지역으로 이주시킬 것을 요청했다.…… 그리하여 우리는 더 이상 중화민족이 아닌 '월민족(越民族)' 이라고 말할 수 없게 되었다."

「중화민족은 하나」가 발표된 후 유명한 토론을 불러일으켰고, 질의자는 인류학이자 민족학자인 페이샤오통(费孝通)이었다. 그는 당시 29세였고 꾸제깡과는 쑤저우(苏州) 동향이었는데 영국에서 유학하고 막 돌아왔을 때였다.

페이샤오통은 '민족' 을 문화 · 언어 · 체질의 차이에 따라 형성된 단체로 봤다. 그는 중국 내에 서로 다른 민족이 존재한다는 것은 객관적인 사실로, 정치적 통일을 도모하기 위해 각 종족의 경계를 일부러 허물 필요는 없다고 하면서, 적들이 '민족' 개념을 사용하고 '민족 자결(民族自决)' 을 내세워 중국을 분화시킬 염려는 없다고 인정했다. 그

---

224) 顾颉刚, 「中华民族是一个」, 『益世报·边疆周刊』, 9기, 1939년 2월 9일.

는 또 "문화 · 언어 · 체질이 같은 국민은 한 나라에 속할 필요가 없다."며 "한 나라가 한 가지 문화 · 언어 단체일 필요는 없다." [225]고 강조했다.

이를 들은 꾸졔깡은 병상에 누워있으면서도 목에 가시가 걸린 듯 갑갑해했다. 결국 다시 일어나 「'중화민족은 하나'를 다시 논함」을 썼다. 그는 중화민족의 '국족성(国族性)'은 충분히 강력하고 '분화 (分化)'는 '부자연스러운 상황'이라고 하면서, 분단의 무력이 조금이라도 약해지면 인민은 스스로 분화 국면을 끝낼 것이며, 만약 '장구(長久)적인 분립'이 자연적인 안정성을 가지고 있다면 중국은 일찌감치 산산조각이 났을 것이고, 하나의 민족으로 되지는 않았을 것이라고 반박했다. [226] 그는 글의 결말에서 "기다려라, 일본군이 중국에서 철수할 때가 되면 동북 4성과 다른 함락 지역의 인민들이 우리에게 어떤 좋은 예시를 주는지 한번 보게 될 것"이라고 소리치기까지 했다.

선배의 노여움에 페이샤오퉁은 입을 다물고 더 이상 대답하지 않았다. "중화민족이 하나냐, 여러 개냐?"는 결국 결론이 나지 않았다.

41년 뒤(1980년) 꾸졔깡은 87세로 세상을 떠났다. 그로부터 8년 뒤(1988년) 78세의 페이샤오퉁은 「중화민족의 다원적 일체구도」라는 장문의 강연을 통해 '중화민족'이라는 자유로운 실체가 존재함을 인정했다. 그는 다음과 같이 말했다. "중화민족은 자각적인 민족 실체로서 최근 100년 동안 중국과 서구 열강의 대립 속에서 나타났지만, 자유로운 민족 실체로서 수천 년의 역사적 과정에 의해 형성됐다. 그 주류는 분산되고 고립되어 있던 수많은 민족 단위들이 접촉 · 혼합 ·

225) 费孝通,「关于民族问题的讨论」,『益世报·边疆周刊』, 19기, 1939년 5월 1일.
226) 顾颉刚,「续论"中华民族是一个 : 答费孝通先生」,『益世报·边疆周刊』, 23기. 1939년 5월 29일.

연결 · 융합과 분열 · 소멸 등 과정을 겪으면서 '내 속에 네가 있고, 네 속에 내가 있는' 각각의 개성을 보류한 다원 통일체로 되었다." 227)

5년 후, 페이샤오퉁은 쑤저우의 고향으로 돌아와 꾸제깡 기념회에 참석했고, 50여 년 전의 논란에 대해 다음과 같이 답했다. "꾸구 선생은 애국적 열정으로 동북에 일제가 '만주국'을 세우고 내몽골에서 분단을 선동했다는 것을 깨달았고, 이에 분노하여 '민족'을 이용해 우리나라를 분열시키는 침략행위를 극구 반대했다. 선생의 정치적 입장을 나는 전적으로 옹호한다."

페이샤오퉁의 '다원일체' 이론은 '하나'와 '복수' 사이에서 절충 · 봉합된 '정치적 표현'을 찾은 것에 불과하다는 비판도 있다. 그러나 페이샤오퉁은 근본적인 문제는 서양의 민족개념으로는 '중국의 민족'을 묘사할 수 없다는 데 있다고 주장했다. "서양의 기존 개념을 그대로 베껴서 중국의 사실을 말하는 것은 옳지 않다. 민족은 역사의 범주에 속하는 개념이다. 중국민족의 실체는 중국의 오랜 역사에 달려 있기 때문에 서구의 민족에 관한 개념을 억지로 끼워 맞추는 것은 옳지 않다." 228)

페이샤오퉁은 또 자신의 말년의 변화에 대해 다음과 같이 말했다. " 취푸(曲阜)의 공림(孔林)을 돌면서 문득 공자가 바로 다원일체라는 질서를 실현하려 했다는 생각이 들었다. 그는 중국에서 성공하여 거대한 중화민족을 이루었다. 중국이 옛 체코슬로바키아나 구소련 같은 분열 양상을 보이지 않는 것은 중국인들이 중국인들만의 마인드를 갖고 있기 때문이다."

---

227) 费孝通, 「中华民族的多元一体格局」, 『北京大学学报 (哲学社会科学版)』, 1989년, 4기.

228) 费孝通, 「顾颉刚先生百年祭」, 『读书』, 1993년, 11기, 5-10쪽.

꾸제깡과 페이샤오통의 갈등은 서양의 개념으로 중국의 지식전통을 개조하기를 갈망했지만 서양의 경험이 결코 중국문명을 해석하지 못한다는 것을 발견하게 되는, 근대 중국 지식인들의 공통된 정신상태를 반영하고 있다. 결국 이들은 모두 중화문명의 모태로 회귀했던 것이다.

〈설명〉: 산동(山東) 취푸(曲阜)의 공림(孔林). 성림(圣林)이라고도 하는데, 공자와 그 후예의 묘지이다.

제2절   타인의 시각

중국은 한 세기 이상 정치 · 문화적 발언권을 상실했고, '역사 중국

(历史中国)'은 서양과 동양에 의해 씌어졌다. 형제자매들이 서로에 대한 인식은 모두 외래학술의 틀에 의해 형성되었다.

이를테면 "애산(崖山) 뒤에 중국이 없다.", "명나라가 망한 뒤로 화하(华夏)가 없다."는 대한족주의(大汉族主义)와 "만주족·몽골족·티베트족·회족은 중국이 아니다." 라는 편협한 민족주의는 모두 당시 '동양사'의 독이었다.

이를테면 어떤 사학자는 '이데올로기'를 통해 서양사의 기준에 맞추려 했다. 서양이 '대일통'이 '전제(专制)'의 원죄라고 하자, 그들은 '전제'를 원청(元清) 두 조대의 잘못으로 돌렸다. 한·당·송(汉唐宋)은 원래 "황제와 사대부가 천하를 함께 다스리는" '개명 전제(开明专制)' 였기에 서양과 큰 차이가 없었는데, 유목민족의 '주노 관념(主奴观念)'에 의해 '야만적 전제'로 변해버렸으며, 명나라의 고도의 집권은 원나라 군사제도의 잔재 때문이었고, 중국이 자본주의를 잉태하지 못한 것은 청나라에 의해 싹이 끊겼기 때문이라는 것이었다. 이러한 억지 주장이 나오는 이유는, 이들이 중국이 자본주의를 탄생시키지 못한 내재적 논리를 깊이 연구하지 않았기 때문이다.

이를테면 서양학자들이 중국은 '자유 전통'이 부족하여 소위 민주적 시스템을 발전시키지 못했다고 하자, 일부 사학자들은 '농경문명'이 전제주의를 대표하고 '유목문명'이 자유를 대표한다고 주장하기 시작했다. 따라서 원나라가 명나라에 의해 무너지지 않았다면 중국은 이미 13세기에 상업과 율법 위에 건설된 사회형태를 가지고 있었을 것이라고 주장한다. 그들은 '자유정신'의 영광이 서양의 고트족과 게르만족에게만 주어졌을 뿐, 동양의 흉노나 돌궐, 몽골에는 속하지 않는다는 것을 이해하지 못했다. 몽테스키외는 같은 정복이지만 고트족

217

은 자유를, 타타르(몽골)는 전제(『법의 정신을 논함』)를 전파했다고
했다.[229] 헤겔도 게르만인은 모든 자유를 알았고, 그리스와 로마인은
일부의 자유를 알았으며, 동양인은 어떤 자유도 알지 못했다고 했
다.[230]

　이러한 분쟁과 비난은 우리가 항상 다른 문명의 시선으로 우리 자
신을 바라보는 데서 비롯된다. 다른 문명의 시선은 비록 다원적 사고
의 이점을 가지고 있지만, 국제정치와 한데 얽혀있다. 과거에도 그랬
고 앞으로도 그럴 것이다.

　중국문명에 '종족' 개념이 없었던 것은 아니지만 이를 뛰어넘는 강
력한 '천하' 정신이 있었다. 수나라의 대은사(大隱士) 왕통(王通)은 당
나라 초기의 거의 모든 문무대신을 가르쳤다. 그는 한인(汉人)이었지
만 중국의 정통성은 한인의 남조(南朝)가 아니라 선비의 효문제(孝文
帝)에 있다고 말했다.[231] 효문제가 "선왕의 나라에 거주하고, 선왕의
도를 받들고, 선왕의 백성을 다스렸기(居先王之国，受先王之道，子先
王之民)" 때문이라는것이었다. 이것이 바로 진정한 천하 정신인 것이
다.

　다른 종족들도 마찬가지였다.

　티베트족과 몽골족은 불교를 신봉하는데 모두 "분별심(分別心)을
없애라."는 교리가 있다. 중국 무슬림의 '이유회통(伊儒会通)' 전통에
도 "서역 성인의 도는 중국 성인의 도와 같다."는 가르침이 있다.[232]

---

229) "타타르인들은 정복당한 나라에 노예제와 전제주의를 구축했고, 고트인들은 로마제국을 정복한 뒤 여기
　　저기서 군주 정체와 자유를 구축했다." 몽테스키외 지음, 张雁深 역, 『论法的精神』(上册), 商务印书馆，
　　1959년, 331쪽.
230) 헤겔 지음, 王造时 역, 『历史哲学』, 上海书店出版社, 1999년, 111쪽.
231) 효문제 전에는 "중국에 주인이 없었기에 그 정통성은 동진(东晋)과 송(宋)에 있었고", 효문제 이후에는
　　"중국에 주인이 있었기에 그 정통성은 후위(后魏)와 후주(后周)에 있었다."

〈설명〉: 조로아스터교는 페르시아에서 유래했으며, 남북조부터 당나라까지 중국 북부의 일부 지역에서 유행했다. 사진은 둔황(敦煌) 장경동(藏经洞)에서 출토된 당나라 조로아스터교 여신상이다.

민족적 장벽을 허무는 이런 천하정신은 중화문명의 바탕이다. 중화민족사는 '천하정신'이 '민족성의 한계'를 넘어선 역사이다.

중화민족의 융합에는 여전히 깊은 감정이 충만해 있다. 명나라 말기에 쓴 몽골 『黄金史(황금사)』에서는 영락황제(永乐皇帝)가 원순제(元顺帝)의 유복자라고 했다. 정난의 변(靖难之役)을 통해 명나라 황통(皇统)은 다시 원나라로 은밀히 회귀한 것이다. 그러다가 만주족이 중원을 차지한 뒤에야 '원(元)의 천명'이 끝났다. 명나라 초기에 쓴 『한장사집(汉藏史集)』에서는 원나라는 "몽골인들이 한인(汉人) 지역의 당(唐)나라 조정을 이어받은 것"이고, 송말제(宋末帝)는 절벽에서 바다에 투신한 것이 아니라, 티베트로 가서 불법을 닦고 고승이 되었는데, 나중 주원장(朱元璋)으로 환생하여 몽골인의 황위(皇位)를 빼앗았으며, 몽골인을 빼닮은 아들 주체(朱棣)를 낳았다고 기록하였다. '윤회'와 '인과'로 송·원·명(宋元明) 3개 조대를 '전생후세(前生后世)'로 엮어버린 것이다. 이는 정사(正史)가 아니라 야사(野史)이고

---

232) 马注, 『清真指南·自序』, 『清真大典』(第16卷), 510쪽.

전설인데, 당시 사람들이 대중화(大中华)에 대한 소박한 공감대이며, 민족별로 '운명공동체'의 감정을 표현하는 다른 방식이었다. 따라서 이러한 감정을 배제한 채 외국의 이론만으로 중국을 이해하는 데는 한계가 있는 것이다.

깊은 감정이 있어야 깊은 이해가 생기고, 깊은 이해가 있어야 진정한 구성이 완성된다. 결국 중화민족의 이야기는 우리 스스로 써야 한다는 말이다.

제3절   스스로의 이야기

중국 동진남북조(东晋南北朝) 300년의 이야기는 정권·인물·사건이 너무 많고 복잡해 가장 쓰기 어려운 역사다. 그런데 중화민족의 재창조 및 중화문명의 업그레이드의 키워드는 바로 이 300년 동안에 숨겨져 있다. 따라서 인내심을 갖고 들어가 보고, 돌아보고, 머물러 보지 않으면 우리 스스로의 출로를 찾기가 어렵다.

『삼국연의(三国演义)』를 예로 들어보자. 이 책은 수백 년 동안 사람들의 입에 오르내렸고 무수한 판본이 남아있다. 역사를 좋아하지 않는 젊은이들은 중국 역사가 삼국지라고 생각한다. 사실 '삼국(三国)'은 고작 60년에 불과하며 중국 역사상 가장 낙후된 시기였다. 중국 인구는 명나라 말기 옥수수와 감자가 들어오기 전까지는 대체로 2,000만에서 6,000만 사이였지만, 삼국시대에는 1,000만 명 수준으로 떨어졌었다. 따라서 『삼국연의』에서 나오는 수십만 대군의 전투는 말 그대로 연의(演义)에 불과하다. 조씨(曹氏) 부자의 문치무공(文治武功)을 빼면 '삼국'은 그 후 300년의 장대한 서사시와는 비교조차 안 된다. 그 후 300년 동안 더 큰 규모의 '삼국정립(三国鼎立)'이 여러 차례 있었는데, 복잡한 정치상황, 군신(君臣)과 장수들의 지혜와 용맹, 방대한 규모의 군대, 커다란 역사적 영향력 등은 『삼국연의』가 견줄 수 있는 것이 아니다.

첫 번째는 강남에 웅거한 동진(东晋)과 흉노 유씨(刘氏)의 한조(汉赵), 갈인(羯人) 석씨(石氏)의 후조(后赵)가 형성한 삼국정립이고, 두 번째는 동진과 선비(鲜卑) 모용(慕容)의 전연(前燕), 저인(氐人) 부씨(苻氏)의 전진(前秦)이 형성한 삼국정립이며, 세 번째는 동진과 강인(羌人) 요씨(姚氏)의 후진(后秦), 선비 모용(慕容)의 후연(后燕)이 형성한 삼국정립이고, 네 번째는 강남에 웅거한 유송(刘宋)과 흉노 혁련(赫连)의 대하(大夏), 선비 탁발(拓跋)의 북위(北魏)가 형성한 삼국정립이며, 다섯 번째는 강남에 웅거한 제량(齐梁)과 동위(东魏), 서위(西魏)가 형성한 삼국정립이고, 여섯 번째는 강남에 웅거한 진(陈)나라와 고씨(高氏)의 북제(北齐), 우문씨(宇文氏)의 북주(北周)가 형성한 삼국정립이다. 여기에 역사를 바꾼 영웅담은 셀 수 없이 많다. 한밤중에 닭 울음소리를 듣고 일어나 칼춤을 추면서 무예를 연마하고, 북벌하기 위해 강을 건다가 노를 치며 맹세한 조적(祖逖), 석륵(石勒)과 한인(汉人) 모사 장빈(张宾)의 '업성대(邺城对)', 전연(前燕)·전진(前秦)과 동진(东晋)의 자웅을 겨루는 몇 차례 북벌 대전, "부견(苻坚)의 관중(管仲)이라 불리는" 왕맹(王猛), "전연(前燕)의 곽광(霍光)이라 불리는" 모용각(慕容恪), "사마덕종(司马德宗)의 조조(曹操)라 불리는" 유유(刘裕) 등 여러 영웅들의 지혜와 용맹[233], 백만 대군을 이끌고 도강하는 부견(苻坚)의 기세(중국 고대에 백만 대군이 도강한 유일한 사례)와 살해되기 전의 여유로움, 최호(崔浩)가 수많은 공적을 세우고도 억울하게 살해당할 때, 수십 명의 위병들이 그를 향해 오줌을 누는 참상[234] 등 수많은 일화들이 있다. 가장 극적인 풍운 일화는 26세의 우문태(宇文泰)가 사신으로 분장해 37세의 한창 절정의 고환(高欢)을 훔쳐보는 장면이다. 이때 고환은 이미 패업의 태반을 이루고 있었다. 우문태는 은근히 고환이 진짜 영웅이라면 항복하고, 자기와 엇비슷한 수준이면 끝까지 싸우겠다고 생각했다. 조정에서 우

---

233) 魏收,『魏书』, 中华书局, 1974년, 811쪽.
234) 魏收,『魏书』, 中华书局, 1974년, 826쪽.

문태는 고환을 자세히 관찰했는데 반나절 만에 결단을 내리고 빠르게 서쪽으로 발길을 돌렸다. 한편, 고환은 이 사신이 "눈이 작지만 그 눈빛이 기이한 것"을 보고는 뭔가 느끼는 바가 있어서 군사를 내어 맹추격하게 했다. 결국 이 한 단락의 장면은 역사가 되었다.235) 나중에 고환은 북제(北齐)의 태조가 되었고, 우문태(宇文泰)는 북주(北周)의 태조가 되었는데 양측은 10년 동안 5차례의 전쟁을 하면서 고오조(高敖曹), 두태(窦泰), 왕사정(王思政), 위효관(韦孝宽) 등 수많은 명장들을 배출했다. 우문태를 따르는 장수들 중 양충(杨忠)의 아들 양견(杨坚)은 나중에 수(隋)나라 개국 황제가 되었고, 이호(李虎)의 손자 이연(李渊)은 나중에 당(唐)나라의 개국 황제가 되었다. 독고신(独孤信)의 장녀는 북주(北周) 명제(明帝)의 황후였고, 7번째 딸은 수나라 황후이자 양광(杨广)의 어머니였으며, 4번째 딸은 이연(李渊)의 어머니이자 이세민(李世民)의 할머니였다. 이에 반해 고환 쪽의 대장들은 그의 생전에 거의 다 죽었고, 나중에 고환에게만 복종하고 그의 아들에게 복종하기를 거절한 절름발이 후경(侯景)만 남았다. 후경은 패잔병 8천 명만 거느리고 남하하였는데, 양무제(梁武帝)를 산 채로 굶겨 죽이고 양(梁)나라를 전복시켰다.

'제왕장상(帝王将相)' 이야기뿐 아니라 '문인묵객(文人墨客)'의 이야기도 있다. 남조의 『자야가(子夜歌)』, 북조의 『목란사(木兰辞)』, 포조(鲍照)의 변새시(边塞诗), 도연명(陶渊明)의 전원시(田园诗), 사령운(谢灵运)의 산수시(山水诗) 등은 당시(唐诗)의 모태가 되었다. 강엄(江淹)의 한별이부(恨別二赋)는 이백(李白)에 의해 반복적으로 모사

235) 令狐德棻, 『周书·文帝纪』, 中华书局, 1971년, 3쪽. 李延寿, 『北史·卷九·周本纪上』, 中华书局, 1974년, 313쪽.

되었고, 유신(庾信)의 『애강남부(哀江南赋)』는 두보에 의해 평생 읊조려졌다. 왕국유(王国维)는 '육조지변어(六朝之骈语)'를 초사(楚辞)·한부(汉赋)·당시(唐诗)·송사(宋词)에 비견되는 일대 문학으로 보았다.[236] 소통(萧统)의 『소명문선(昭明文选)』은 중국 최초의 시문총집(诗文总集)이고, 유협(刘勰)의 『문심조룡(文心雕龙)』은 중국 문학이론의 집대성자이며, 종영(钟嵘)의 『시품(诗品)』은 중국 최초의 시학(诗学) 전집이다.

전쟁이 끊이지 않는 와중에 불교의 중국화 이야기도 있었다. 오호(五胡)가 중원에 입성할 무렵, 서역의 호승(胡僧) 불도징(佛图澄)은 석륵(石勒)과 석호(石虎)에 의해 국사로 추앙받았다. 그는 이능·방술(异能方术)과 인과학설로 두 사람에게 '왕자(王者)'를 모방하고 '덕화(德化)'할 것을 끊임없이 권하였다.[237] 후조(后赵)가 멸망한 후, 불도징의 제자 도안(道安)은 양양(襄阳)으로 남하하여 처음으로 "나라의 주인을 따르지 않으면 법사(法事)를 세울 수 없다."고 주장함으로써, '사문불경왕자(沙门不敬王者)'의 교조를 깨뜨렸다.[238] 부견은 도안을 영접하기 위해 출병하여 양양을 공략하였다. 도안은 장안에 도착한 뒤 부견에게 일면식도 없는 구자(龟兹)의 고승 구마라습(鸠摩罗什)을 추천하였다. 부견은 구마라습을 위해 서역을 공략했지만, 대군이 막 그를 데려오던 와중에 전진(前秦)은 멸망하고 말았다. 16년 뒤 후진(后秦)이 구마라습을 장안으로 맞아 국사로 삼았을 때, 그를 추천한 도안은 이미 입적한 뒤였다. 구마라습은 동행(东行)의 초심을 잊지 않고 수백 권의 경전을 번역하여 대승중관불학(大乘中观佛

---

236) 王国维, 『宋元戏曲史』, 上海古籍出版社, 1998년, 『自序』.
237) 释慧皎, 『高僧传』, 中华书局, 1992년, 346쪽.
238) 释慧皎, 『高僧传』, 中华书局, 1992년, 178쪽.

学)과 중국 고전철학이 통할 수 있는 토대를 마련하였다. 남과 북의 정권이 강을 사이에 두고 분치하였으나 남북의 불교 교류는 끊이지 않았다. 도안의 수제자 혜원(慧远)은 남하하여 노산(庐山)의 동림사(东林寺)에서 불법을 전파하였고, 혜원의 제자 도생(道生)은 다시 북상하여 장안으로 올라가 구마라습에게 학문을 구하였다. 이와 함께 건강(建康)의 여러 명승(名僧)들도 활약했다. 그 중 법현(法显)은 불경을 구하기 위해 북조(北朝) 장안(长安)에서 총령(葱岭)을 넘어 인도로 건너갔다가 남양의 해로를 거쳐 남조(南朝)의 건강(建康)으로 돌아왔다. 그는 15년 동안 30개 나라를 유람했는데, 그의 불국유람기는 남아시아 여러 나라의 사료(史料)에 대한 참고 자료가 되었다. 남북뿐만 아니다. 부견이 서역을 뚫은 후, 중국과 인도의 스님들도 서로 오갔는데, 달마 역시 이때 선종(禅宗)을 중국으로 가져왔다. 불교의 여러 학파 역시 주로 이 300년 사이에 창시되었다. 우여곡절 끝에 이들은 불교와 정권의 관계를 정리하여 '정주교종(政主教从)'을 확립하였다. 또한 불교와 부모의 관계를 초보적으로 정리하여 인과(因果)와 효제(孝悌)의 모순을 없앴으며, 불교와 중국철학의 관계를 정리하여 훗날 선학(禅学)과 이학(理学)의 발전을 위한 토대를 마련했다.

〈설명〉: 고대 중국과 인도, 중앙아시아 일대는 행각승들이 자주 왕래하였다. 중국 승려들은 인도에 가서 불경을 얻었고, 인도나 중앙아시아의 승려들이 중국에 와서 불법을 전하였다. 사진은 둔황(敦煌)의 견화(絹画) 『행각승도』이다.

〈설명〉: 고대에는 미란(米즈)은 실크로드의 무역 중심지였고 불교 번영의 중심지였다. 미란에서
발견된 많은 유물들은 이곳이 멀리 떨어진 지중해 지역과 광범위하고 복잡한 무역관계를
가지고 있음을 시사한다. 사진은 미란의 옛 도시 유적지이다.

300년 동안의 이야기는 많지만 가장 중요한 이야기는 역시 중화민족인 호한(胡汉) 일가의 이야기다. 우리는 누구인가? 한족인지, 몽골족인지, 티베트족인지, 위구르족인지, 만주족인지에 대한 답은 여기에 있다. 이 300년이라는 역사를 보면 중화민족이 무엇인지, 중화문명이 무엇인지, 자신의 정체성과 정신세계가 무엇인지 알게 될 것이다. 중국 젊은이들이 많이 봤으면 좋겠고, 문화인들도 많이 봤으면 좋겠고, 서양 사람들도 많이 봤으면 좋겠다. 300년 동안의 이야기 속에 들어가다 보면 때로 짜릿하고 머리카락이 곤두서기도 하며, 때로는 깊은 생각에 잠기기도 한다.

「칙륵가(敕勒歌)」라는 노래가 있다. 다들 들어본 적이 있고 흥얼거려본 적이 있을 것이다. 하지만 이 노래가 칼산과 피바다의 전쟁터에서 탄생했다는 것을 누가 알겠는가? 고환은 우문태와 10년 동안 싸웠으나 승리보다는 패배가 더 많았다. 결국 하동(河东) 옥벽성(玉璧城) 아래에서 마지막 전투를 치렀다. 546년 늦가을 황하가 흐느끼고 서리바람이 몰아쳤다. 고환의 20만 대군은 50일 동안 공격을 계속하면서 수많은 사상자를 냈지만 여전히 결과를 보지 못했다. 수많은 지략으로 일생 동안 무적의 행진을 이어왔던 고환은 이번 생에서 다시는 우문태를 멸할 수 없고, 더 이상 천하를 통할 수 없음을 깨닫고는 철군을 명령할 수밖에 없었다. 그런데 급급히 철군하는 바람에 전사한 7만 장병들의 시신을 안장할 여력이 없어서 커다란 구덩이에 한데 묻었다. 진양(晋阳)으로 돌아온 후, 그는 병든 몸을 가까스로 지탱하며 군심을 안정시키기 위해 장군 곡률금(斛律金)에게 명해 칙륵가를 부르도록 했다. "칙륵의 냇가 음산의 산기슭, 하늘은 둥근 천막처럼 사방을 뒤덮네. 하늘은 푸르고 푸르고 들판은 아득하고 아득한데 바람불어 초원에 누우니 소와 양이 보이네." 선비어로 된 노랫소리는 끊이지 않았고 주변 장수와 신료들이 모두 합창했다. 10년간 전사한 수십만 장병을 생각하며, 백발이 되어버린 자신의 머리를 생각하며 고환은 눈물을 흘렸다. 이로써 이 노래가 전해졌다.[239]

이와 함께 서쪽의 우문태는 주례에서 말한 황종대려(黃钟大吕)와 아악정음(雅乐正音)을 복원하고 주례에 따라 육관(六官)과 육학(六学)을 설치하였다. 30년 후 북주는 북제를 멸망시키고 수나라와 당나라를 위해 제국의 토대를 마련했다.

고환은 선비화된 한족이고, 우문태는 한화된 흉노족으로, 모두 전형적인 중국인이다. 이들은 민족의 분가를 위해서가 아니라 천하를 통일하기 위해 싸웠다. 이에 대해 중국의 젊은이들이 깨달음을 얻지 못하고 지켜나가지 않는다면, 도 서구의 젊은이들이 이해하지 못한다면, 중국과 서양문명은 종이 한 장의 벽을 끝까지 허물지 못하게 될 것이다.

---

239) 郭茂倩,『乐府诗集』, 中华书局, 1979년, 1212-1213쪽.